ENQUÊTES

DE

MADAME CROUAN.

NANTES,
IMPRIMERIE DE Mme VEUVE CAMILLE MELLINET.

1855.

ENQUÊTES

DE

MADAME CROUAN.

PREMIÈRE ENQUÊTE.

22, 23, 25, 26, 27 et 29 juillet 1853.

1er TÉMOIN.

M. BONNEMENT.

1er *Témoin.* — M. Jean-Hyacinthe BONNEMENT, ancien courtier, demeurant à Nantes, rue Voltaire, n° 11, a déposé :

Je n'ai aucune espèce de connaissance des faits dont l'arrêt de la Cour de Rennes, du 1er juin 1853, a ordonné la preuve.

Ayant eu des relations de société avec M. et Mme Crouan, M. et Mme Vauloup, M. et Mme Allard, oncle et tante de Mme Crouan, je n'ai jamais aperçu entre les époux une apparence de mésintelligence : lorsque la demande en séparation de corps et de biens a été intentée par Mme Crouan contre son mari, celui-ci m'a témoigné le chagrin qu'il ressentait de cette démarche de sa femme.

Dans tous les temps, il m'a parlé de celle-ci dans les termes les plus respectueux : il ne s'est jamais plaint devant moi que de l'influence que sa belle-mère et sa belle-sœur exerçaient sur elle ; jamais il ne m'a dit un mot fâcheux sur le compte de M. Vauloup.

Quoique cela n'ait pas un trait direct à l'affaire, je dois déclarer que, dans toutes les relations d'affaires commerciales que j'ai eues avec M. Crouan, je l'ai toujours trouvé d'une loyauté parfaite, et jamais, chose assez rare, il ne m'a avancé un fait qui ne fût vrai.

Sur l'interpellation à requête de Me de la Peccaudière, substituant Me Gouin, avoué de Mme Crouan, tendant à savoir :

1° Si M. Bonnement, invité à passer quelques jours à la campagne de M. Crouan, avait refusé, en déclarant qu'il craindrait par là de paraître approuver la conduite de celui-ci envers sa femme :

2° Si M. Crouan lui avait donné connaissance d'un mémoire rédigé par lui, en vue de sa séparation :

    Le témoin répond :

Ayant été invité par M. Crouan à aller à la chasse à sa campagne, avec MM. Simon, Banchais et autres, je refusai, parce que je n'étais pas chasseur. J'ajoutai que j'aurais grand plaisir à y aller un jour avec ma femme, lorsque M. et Mme Crouan pourraient nous y recevoir. Je n'ai rien dit de plus : mon espérance était qu'un jour il y aurait réconciliation entre les époux. Je ne pensais pas qu'il y eût motif suffisant pour une séparation.

Jamais M. Crouan ne m'a communiqué de mémoire rédigé par lui dans la prévision de sa séparation.

Sur l'interpellation à requête de Me Renéaume, avoué de M. Crouan, le témoin répond :

Dans les relations que j'ai eues avec les époux Crouan (et je me rappelle avoir passé deux jours à la campagne chez M. Vauloup, où ils étaient), ils m'ont toujours paru en parfaite intelligence.

Quelques jours avant le mariage de M. Brunet, gendre de M. Allard, je dînai chez M. Crouan, en tête-à-tête avec M. et Mme Crouan. Le dîner fut gai, et je n'aperçus aucun nuage entre les époux.

2e *Témoin.* — Rose LEFERME, femme de chambre, demeurant à Nantes, rue Saint-Nicolas, chez M. Thomas, notaire, a déposé :

Je suis entrée au service de Mme Vauloup, mère de Mme Crouan, vers la fin de 1835, et j'y suis restée environ 13 mois après le mariage de Mme Crouan, qui continua à résider chez sa mère, mais qui avait une femme de chambre pour son service particulier ; ce n'était pas moi qui remplissais ces fonctions. Ma sortie de chez Mme Vauloup eut lieu huit jours avant la Saint-Jean 1837 : au reste, je ne pourrais préciser d'une manière certaine l'année.

Un ou deux ans après ma sortie, j'entrai au service de Mme Crouan, qui ne demeurait plus alors chez sa mère ; j'y suis restée 18 mois.

Pendant mon séjour dans cette maison, j'ai souvent vu Mme Crouan les larmes aux yeux ; je l'interrogeais sur les causes de ces pleurs, elle me répondait : « Cela ne vous regarde pas ; occupez-vous de votre ouvrage. » Souvent même, en l'habillant, je lui voyais les bras meurtris et les jambes noires. Comme je l'interrogeais sur les causes de ces meurtrissures, elle me répondait : « Ce n'est rien ; occupez-vous de m'habiller. » Et cependant, en faisant cette réponse, elle pleurait.

Un soir, au commencement de l'hiver (c'était l'époque où Mme Crouan devint enceinte du jeune Fernand), j'entendis dans la chambre des époux Crouan un bruit sourd ; j'eus envie d'y entrer pour voir ce qui se passait ; mais la discrétion me retint. Mme Crouan disait à son mari : Denis, laisse-moi, tu me fais mal !

Le lendemain matin, je vis, en entrant dans la chambre, deux bols, deux soucoupes, trois assiettes et un verre cassés. Je demandai à Mme Crouan qui avait fait cela ; elle me répondit que c'était M. Crouan. S'il n'avait fait que cela, repris-je, s'il ne vous avait pas battue ! Sans entrer en explications, la dame Crouan me prit la main en pleurant et me dit : Ne parlez pas de ceci ! Je pleurais aussi, moi.

<table>
<tr><td>3e TÉMOIN.

M. RIEMBAULT.</td><td>3e *Témoin.* — Joseph-Hippolyte RIEMBAULT, docteur en médecine, domicilié à Paris, quai de Béthune, n° 26, a déposé :</td></tr>
</table>

Au moment du décès de Mme Vauloup, je donnais mes soins à Mme Crouan pour une maladie du col de la matrice : ces maladies s'aggravent par les impressions morales, et Mme Crouan était alors en proie au plus violent chagrin, par suite de la mort de sa mère. J'avais ordonné qu'elle ne quittât pas le lit ou la position horizontale, et qu'elle s'abstînt de marcher. M. Crouan, arrivé récemment de Nantes, vint dans l'appartement qu'elle occupait, entra dans une pièce qui n'était séparée de celle où elle se trouvait que par une cloison, ne la vit pas et ne demanda pas à la voir. Le lendemain, on me montra une lettre dans laquelle M. Crouan lui enjoignait de se rendre immédiatement à son hôtel pour le voir. En qualité de médecin, je m'opposai formellement à ce que Mme Crouan quittât sa chambre.

Mme Vauloup, mère de Mme Crouan, était atteinte d'une affection au sein qui a été la cause de sa mort. Pendant les derniers temps de son existence, je fus appelé à lui donner des soins, et j'eus le bonheur de calmer un peu ses souffrances ; elle en conçut pour moi une reconnaissance extrême, et me donna toute sa confiance. Plusieurs fois, et même à l'approche de ses derniers moments, elle m'a fait, à l'insu de M. Vauloup et de sa fille, des confidences sur les chagrins domestiques de cette dernière. Elle me dit, entre autres mauvais traitements, qu'un jour M. Crouan était allé jusqu'à terrasser sa femme et la frapper : elle n'avait pas été témoin de ce fait, mais elle le tenait, disait-elle, de sa fille.

Quelque temps après le retour de M⁰⁰ Crouan à Nantes, lorsqu'elle eut perdu sa mère, j'écrivis à M. Crouan une lettre, avec une note acquittée de mes honoraires, pour soins donnés à sa dame. M. Crouan me répondit que ces honoraires regardaient M. Vauloup, puisque c'était lui qui avait réclamé mes soins pour sa fille.

Ayant appris plus tard qu'à Rennes, devant la Cour, on avait fait usage de ma quittance pour en induire que j'avais été payé, quoique je ne l'eusse pas été, je fis réclamer de M. Crouan la remise de ma quittance ; c'est alors qu'il me fit payer, par un tiers inconnu de moi, qui remit à mon épouse une lettre sans date et le montant de mes honoraires.

Sur l'interpellation de M⁰ de la Peccaudière, le témoin répond :

La dame Crouan qui, avant la mort de sa mère, m'avait déjà fait quelques confidences sur ses chagrins conjugaux, m'en fit de plus détaillés après la mort de celle-ci. Elle me dit, entre autres choses, que son mari l'avait laissée sans argent ; qu'une fois il l'avait chassée de son lit et lui avait fait passer la nuit sur un canapé ; qu'à la suite de cette scène elle avait été malade et avait fait appeler le docteur Lafond ; elle me dit aussi que son mari l'avait empêchée de voir les enfants, et que cette circonstance était celle qui l'avait définitivement décidée à demander sa séparation.

Sur l'interpellation du même, le témoin répond :

« Lorsque M⁰⁰ Crouan est revenue à Nantes, après la mort de sa mère, elle était mieux portante, mais elle n'était pas guérie. Je crus devoir la laisser partir, parce qu'elle en avait beaucoup le désir, à raison des lettres pressantes de son mari.

4ᵉ *Témoin.* — Jeanne Guichard, femme Sautot, âgée de 32 ans, cuisinière, demeurant à Paris, rue du Faubourg-Saint-Denis, n⁰ 176.

J'ai été, pendant cinq ou six mois, cuisinière chez les époux Crouan, depuis le mois de janvier ou février 1845 jusqu'à la Saint-Jean de la même année. Quelque temps avant l'époque où M⁰⁰ Crouan accoucha du petit Fernand, j'entendis, dans la chambre que l'on destinait à la nourrice, et dont la porte était en ce moment fermée, une scène bruyante. M. Crouan paraissait en fureur. Je ne pus entendre, de ce qu'il disait, que ces mots : « Ce n'est pas ainsi qu'il faut faire repasser mes gilets. » J'entendis pareillement un grand bruit de chaises. Craignant que Madame ne fut contrariée que j'eusse entendu ce débat, je me blottis dans une armoire qui faisait placard et je m'y cachai.

Quelques jours après l'époque où Mme Crouan releva de couches, après avoir donné naissance au jeune Fernand, j'entendis M. Crouan fermer brusquement deux portes de la chambre de sa dame, et dire : « Tu mériterais bien.... » Je n'entendis rien de plus et me hâtai de retourner à la cuisine.

En qualité de cuisinière, je servais à table les époux Crouan, au déjeûner seulement. Jamais, pendant ce repas, M. Crouan ne parlait à sa dame; il la regardait noir et ne parlait qu'à sa petite fille Marie. Mme Crouan parlait rarement à son mari et paraissait intimidée; elle faisait tous ses efforts pour que M. Crouan eût tout ce dont il avait besoin et semblait la première femme de chambre de la maison.

5e *Témoin.* — François-Hippolyte Dubois, âgé de 36 ans, avocat à la Cour de Cassation, demeurant à Paris, rue Bourdaloue, n° 7, a déposé :

Il y a deux ans et demi environ que j'ai eu les premières notions des chagrins domestiques de Mme Crouan. La révélation m'en a été faite par Mme Vauloup, par Mme Dubois et par Mme Crouan elle-même. Ces dames m'apprirent que, lorsque Mme Crouan était enceinte du jeune Fernand, elle fut menacée violemment, sur le boulevard Saint-Aignan, à Nantes, par M. Crouan, qui leva sa canne sur elle; elles m'apprirent aussi qu'il y a sept ou huit ans, la dame Crouan avait été deux fois chassée de son lit par son mari, et qu'elle avait été une fois contrainte par lui de passer une nuit dans un fauteuil; qu'en 1847, chassée de son lit par le sieur Crouan, elle avait été obligée d'aller demander un asile à la demoiselle Lelan, sa tante, qui habitait le même appartement. Ce dernier fait m'a été répété par Mlle Lelan elle-même.

En 1852, très-peu de temps avant la mort de Mme Vauloup, Mme Crouan vint à Paris, pour voir sa mère : celle-ci, frappée du changement de sa fille et du délabrement visible de sa santé, exigea qu'elle consultât un médecin. On appela le docteur Riembault. Dans les confidences que Mme Crouan fut appelée à lui faire, pour lui donner une idée exacte de son état de santé et éclairer son opinion sur ce point, Mme Crouan déclara à M. Riembault, en présence de Mme Dubois, qui, elle-même, à cette époque, relevait de couches, qu'un mois environ auparavant elle avait été entraînée par M. Crouan dans une chambre écartée de son appartement, à Nantes ; que, là, elle avait été battue brutalement par lui et avait fait une chute sur un fauteuil ou sur un chaise ; que, le lendemain ou le surlendemain, elle avait été atteinte d'une petite vérole volante, accompagnée de douleurs dans les membres, et que, ces douleurs persistant après la guérison de la maladie, elle ne savait à quoi les attribuer. Elle pria M. Riembault et Mme Dubois de garder le secret de ces faits, surtout à l'égard de Mme Vauloup et de M. Vauloup ; j'en eus connaissance le soir même par ma femme. M. Vauloup les connut plus tard. Mme Vauloup les a toujours ignorés.

Le jour même de l'enterrement de Mme Vauloup, j'étais à une fenêtre avec M. Allard ; nous nous entretenions de la triste situation de Mme Crouan ; M. Allard me disait qu'il emploierait tous ses efforts pour rendre cette situation moins pénible. Mais que ferez-vous? lui dis-je, il la bat. A ces mots, M. Allard se releva de la fenêtre où il était appuyé, et me regarda fixement. Je l'engageai à parler bas, afin que M. Vauloup ne pût l'entendre. Il n'a appris ce fait que plus tard, parce que Mme Dubois voulut lui cacher une lettre qu'elle écrivait à sa sœur, ce qui amena entre eux une explication.

Il y a trois ans et demi environ, huit ou dix jours avant mon mariage, et la première fois que je voyais les époux Crouan, M. Crouan fit des reproches très violents à sa femme, sur un sujet assez futile, la musique, je crois. La dame Crouan y fut tellement sensible qu'elle en pleura.

Interpellé par nous de préciser autant que possible la nature des reproches faits et les propos tenus par le sieur Crouan à sa dame, le témoin répond ne pouvoir se les rappeler d'une manière précise, mais se rappeler parfaitement l'impression pénible que cette scène avait produite sur lui et sur tous les assistants.

Le témoin continue ainsi :

Le jour du décès de Mme Vauloup, j'en fis parvenir la nouvelle à M. Allard et M. Crouan, par une dépêche télégraphique. Tous deux arrivèrent à Paris pour assister à l'enterrement. M. Allard rendit visite à la famille, M. Crouan s'en abstint ; il écrivit de l'hôtel où il était descendu, à sa dame, de se soigner. Celle-ci le pria de la venir voir ; il n'y vint pas. Le jour de l'enterrement, il se trouva dans la maison mortuaire, séparé de sa femme par une seule cloison, et ne la vit ni ne demanda à la voir.

Le lendemain matin, la santé de Mme Crouan étant gravement altérée, on m'éveilla à six heures, pour aller chercher un médecin. Je m'y rendis et ramenai avec moi le docteur Riembault. A notre arrivée, la famille était dans une désolation profonde. Le sieur Crouan avait écrit à sa femme une lettre dans laquelle il lui reprochait de n'être pas venue à son hôtel le consoler et lui enjoignait de venir le trouver sous dix minutes.

Le 18 ou le 19 juillet, le sieur Crouan quitta Paris sans avoir vu sa femme.

Le 20, il lui écrivit de Nantes, pour lui annoncer que si, dans vingt-quatre heures, elle n'était pas à Nantes, le domicile conjugal lui serait fermé, et ses enfants ne porteraient pas le deuil de leur grand'mère.

Le docteur Riembault écrivit de la part de la famille, à M. Crouan, qu'il y avait impossibilité absolue que sa femme se transportât en ce moment à Nantes, à raison du fâcheux état de sa santé.

Vers la fin de juillet, la dame Crouan écrivit à son mari qu'elle se rendait à Nantes, et qu'elle le priait de venir l'attendre à la gare avec une voiture. Avant qu'elle fut partie, nous apprîmes de M. Allard, par une dépêche télégraphique, que le sieur Crouan, après avoir reçu la lettre de sa dame, avait quitté sa maison et s'était rendu à la campagne avec ses enfants et ses domestiques. Cette circonstance détermina Mme Dubois à ne pas laisser sa sœur partir seule, dans l'état de maladie où elle se trouvait, et à l'accompagner à Nantes. J'appris qu'à son arrivée à Nantes, Mme Crouan avait trouvé le domicile conjugal fermé.

Le docteur Riembault, qui avait donné des soins à Mme Crouan, écrivit à M. Crouan en lui envoyant sa note acquittée. M. Crouan refusa de payer et garda la note. Plus tard, dans les débats qui eurent lieu à Rennes, il fut plaidé par le sieur Crouan que le docteur Riembault avait été payé, et la note acquittée fut représentée au procès. Le docteur Riembault, très-mécontent de ce procédé, écrivit à M. Crouan de lui envoyer sa note quittancée, puisqu'elle n'était pas soldée. Quelque temps après, une personne inconnue se présenta chez M. Riembault, porteur d'une lettre non datée, de M. Crouan, et remit à Mme Riembault cette lettre et une somme de deux cents francs, montant de la note, sans vouloir accepter de reçu.

Je sais parfaitement, pour l'avoir appris de M. Allard et de Mme Crouan, que, dans la prévision d'une séparation de corps, M. Crouan avait rédigé un mémoire destiné à son avocat, et intitulé : « Mémoire pour servir à mon avocat, en cas de séparation de corps. » Ce mémoire a été communiqué par M. Crouan à Mme Crouan et à M. Allard. Je crois même qu'il l'a été à MM. Bonnement et Banchais. Le premier mot que me dit M. Bourcard-Moller, lorsqu'il fut mention de la séparation de M. Crouan, fut celui-ci : « Ne craignez-vous pas un mémoire ? »

En 1852, après le décès de sa mère, Mme Crouan se plaignit à sa sœur de ne point recevoir de lettres d'elle ni de son père ; nous pensâmes que

2

ces lettres pouvaient être interceptées par M. Crouan ; je donnai à ma femme le conseil de faire recommander à la poste ses lettres et celles de M. Vauloup. Ce conseil fut suivi et produisit son effet. Les lettres à l'adresse de Mme Crouan, recommandées à la poste, furent réclamées par le sieur Crouan, mais elles lui furent refusées par l'administration.

6e *Témoin.* — Adolphe-Jules BOURCARD, propriétaire, demeurant à Nantes, rue des Cadeniers, a déposé ainsi :

Je n'ai personnellement aucune connaissance des faits concernant le ménage Crouan. J'ai seulement appris, soit par ma femme, soit par quelques autres personnes, quelques circonstances qui se rattachent à l'affaire pour laquelle vous faites aujourd'hui une enquête.

À l'arrivée de Mme Crouan à Nantes, après la mort de sa mère, ma femme, qui lui porte beaucoup d'attachement, se rendit chez elle pour la voir : elle la trouva seule, accompagnée seulement de sa sœur, Mme Dubois, qui s'occupait de soins relatifs au ménage. Mme Crouan se plaignit de l'absence de son mari qui ne lui avait pas même laissé la disposition de l'appartement. Elle regrettait surtout de ne pouvoir entrer dans une chambre où se trouvait le portrait de sa mère. Après quelques visites faites à Mme Crouan pendant que son mari était absent à la campagne, ma femme, chez qui j'aperçus un jour des signes de contrariété lorsqu'elle revenait de chez Mme Crouan, m'avoua qu'elle avait rencontré chez lui M. Crouan et en avait été mal accueillie. Après quelques observations vagues sur les cancans qu'il saurait faire cesser, M. Crouan avait ajouté, me dit-elle, qu'il ne comprenait pas qu'on lui permît de venir chez lui puiser d'aussi mauvais exemples que ceux qu'elle pouvait y trouver.

Sur l'interpellation à requête de Me de la Peccaudière, le témoin répond :

Lorsque Mme Crouan forma sa demande en séparation, j'appris, je ne sais de qui, que les scellés avaient été apposés au domicile conjugal. Cette mesure, qui n'est pas usitée au début de la procédure en séparation, me surprit : on me répondit qu'elle avait eu pour objet la recherche d'un mémoire que M. Crouan avait dû rédiger d'avance pour le cas de séparation. Je n'ai point eu communication de ce mémoire.

Sur l'interpellation de Me Reneaume, le témoin répond :

Je ne me rappelle point avoir dit à M. Dubois, lorsque la demande en séparation de la dame Crouan fut formée : « Mais vous ne craignez donc pas le mémoire de M. Crouan ? »

7ᵉ TÉMOIN.

M. BANCHAIS.

7ᵉ *Témoin*. — M. Eugène-Henri BANCHAIS, courtier de marchandises, demeurant à Nantes, rue Dobrée, nᵒ 4, a déposé :

M. Crouan m'avait invité plusieurs fois à aller à sa campagne pour l'ouverture de la chasse ; en 1852, il me fit une pareille invitation dans le courant de septembre : j'eus le regret de ne pouvoir m'y rendre. M. Laganne, mon beau-frère, s'y rendit. J'ai su par lui qu'il ne s'était rien passé d'extraordinaire. Un homme qui parcourt les fermes à l'époque des moissons, demanda à coucher chez les fermiers, et pour payer l'hospitalité qu'on lui donnait, il joua quelques airs de violon. Je ne sais si l'on dansa. Les enfants, au nombre desquels était mon beau-frère, âgé de quatorze ans, s'amusèrent à ramasser de la paille dans l'aire et y mirent le feu.

Sur l'interpellation à requête de Mᵉ Reneaume, le témoin répond :

Dans toutes les circonstances où, soit ma femme, soit moi, avons eu l'occasion de voir M. ou Mᵐᵉ Crouan, jamais de la part de l'un ni de l'autre il n'a été fait la moindre allusion à des mésintelligences entre les époux.

8ᵉ TÉMOIN.

Femme BUGEAU.

8ᵉ *Témoin*. — Mᵐᵉ Ursule Brebion, femme BUGEAU, portière, demeurant à Nantes, rue de l'Héronnière, nᵒ 14 :

Je suis portière de la maison qu'habitent depuis sept ou huit ans les époux Crouan. Je ne sais absolument rien concernant le procès qui existe entre eux ; la seule chose que je me rappelle, c'est que, lorsque Mᵐᵉ Crouan revint à Nantes après la mort de sa mère, son mari était à la campagne avec ses enfants et sa domestique. Elle fut obligée d'attendre pendant trois heures environ qu'on lui ouvrît les portes. Il fallut aller chercher le caissier qui demeurait alors à Chantenay. Mᵐᵉ Crouan resta douze jours à la maison sans son mari.

Sur l'interpellation de Mᵉ Reneaume, le témoin répond :

Je ne me rappelle pas au juste à quelle heure arriva Mᵐᵉ Crouan, mais c'était après midi, sur le haut du jour ; elle ne put entrer dans l'appartement avant l'arrivée du commis qui avait la clé.

9ᵉ TÉMOIN.

M. JACQUET.

9ᵉ *Témoin*. — Pierre JACQUET, commis-négociant, demeurant à Nantes, rue des Arts, nᵒ 21, a déposé :

Depuis bientôt dix-sept ans, je suis teneur de livres dans la maison Crouan et connais aussi bien que qui que ce soit l'intérieur du ménage Denis Crouan.

J'ai vu, dans l'assignation qui m'a été remise, des détails sur l'arrivée de M⁗ Crouan à Nantes, après la mort de sa mère, qui sont complètement inexacts. Voici la vérité :

La veille de l'arrivée de M⁗ Crouan, M. Prudent Crouan, beau-frère de celle-ci, me prévint de tenir l'appartement ouvert pour huit heures précises. Je lui répondis : Quand même vous arriveriez plus tôt, vous pourrez entrer, voici ma clé, et je la lui remis. Le lendemain matin, MM. Prudent et Auguste Crouan se rendirent au chemin de fer pour y attendre leur belle-sœur. M. Allard, qui avait été directement prévenu par elle, s'y était aussi rendu avec sa voiture, MM. Crouan comptant se servir d'un omnibus. M. Allard, qui avait sa voiture toute prête, moyen de transport plus commode, emmena avec lui M⁗ Crouan, sa nièce. Avant qu'il partît, M. Prudent Crouan le prévint que si je n'étais pas au cabinet, il trouverait la clé de l'appartement chez lui, Crouan, dans la maison contiguë à celle qu'habitent les époux Crouan. M. Allard, en arrivant avec sa nièce, ne me trouva pas au cabinet et monta aussitôt chez M. Prudent Crouan pour y prendre la clé. A huit heures précises, lorsque j'arrivai au cabinet, M⁗ Crouan était déjà depuis dix minutes dans son appartement.

Quant à ce qui a été dit de la fermeture des appartements, voici encore l'exacte vérité : M. Crouan, en partant pour la campagne, avait laissé son appartement fermé sur un simple loquet : cela me parut imprudent ; j'en fis part à M. Crouan sur l'avis duquel je fermai l'entrée de l'appartement Crouan avec une grosse clé et une targette en dedans ; mais une fois que l'on était entré dans mon cabinet, on pouvait de là pénétrer librement dans toutes les pièces de l'appartement, sauf la chambre à coucher de M. Crouan qui était fermée. Depuis quelque temps, m'a dit M. Crouan depuis que le procès est commencé, M⁗ Crouan avait une chambre à coucher séparée : et cette chambre, je le sais personnellement, est très-confortable. Les clés de tous les meubles étaient sur la table à manger du salon, et j'en prévins M⁗ Crouan qui, du reste, les avait trouvées avant mon arrivée. Une seule clé n'était pas parmi les autres, c'était celle de l'armoire au linge : M⁗ Crouan me la demanda : nous la cherchâmes ensemble, et, ne pouvant la trouver, je fis lever la serrure par un serrurier.

Deux jours après l'arrivée de M⁗ Crouan, la cuisinière vint en ville : je lui demandai où était la clé en question : elle me la fit voir dans l'armoire des enfants et me dit que M⁗ Crouan savait parfaitement où elle était, puisque c'était elle-même qui lui avait assigné cette place.

Je ne comprends pas comment il a pu être dit que M⁗ Crouan avait été laissée à Nantes sans argent, que je lui avais donné cinq francs, puis dix, puis vingt-cinq, et que j'avais déclaré que je n'irais pas au-delà de cent francs. Il est certain que Mme Crouan, à son arrivée, m'ayant déclaré qu'elle n'avait pas d'argent et qu'elle en avait emprunté à son père, pour son voyage, je lui demandai immédiatement quelle somme elle voulait. Elle me répondit, en présence de Mme Dubois, sa sœur, que cinq cents francs lui suffiraient; savoir : deux cents francs en billets de banque, pour remettre à son père, et trois cents francs en argent pour elle; je les lui remis sur-le-champ et portai moi-même à la poste la lettre contenant les deux cents francs destinés à M. Vauloup.

Quelques jours après, Mme Crouan me dit : J'ai encore besoin d'argent. Je lui demandai combien il lui fallait, elle me répondit qu'elle ne pouvait me donner le chiffre exact, mais que ce devait être environ six cents francs. Je l'invitai à faire son calcul d'une manière précise; la somme s'éleva, je crois, à six cent sept francs. Dans cette somme figuraient des dépenses faites à Paris pour son deuil. Je l'engageai à réunir toutes ces sommes et à prendre un bon sur la Banque égal au total du montant de ces fournitures. Après qu'elle m'eût indiqué le montant de ces fournitures, je me rendis à la Banque prendre un bon à son ordre; je le lui fis passer à l'ordre de M. Vauloup qui fut chargé par elle de payer les fournisseurs. J'avais fait ces paiements à Mme Crouan sans en demander l'autorisation à M. Crouan, et même sans l'en prévenir. J'avais pensé, et cela d'ailleurs avait été convenu entre Mme Crouan et moi, que celle-ci en donnerait connaissance à son mari. Cela n'eut pas lieu, quoique M. Crouan fut venu deux fois à Nantes, et ce fut moi qui appris à celui-ci les paiements que j'avais faits à sa dame. Il en parut affligé et surpris, et me dit : « Ne trouvez-vous » pas étrange que Madame s'adresse à un étranger plutôt qu'à moi ? Il » paraît que c'est un parti pris. »

Le lendemain du départ de M. Crouan pour la campagne, Mme Crouan vint de nouveau me demander une somme de six cents francs. J'avais environ quatre cents francs en caisse; M. Crouan ne m'avait pas laissé davantage, parce qu'il n'avait pas de paiements importants à faire. Ne voulant pas avoir ma caisse complètement vide et voulant me réserver le moyen de faire face à de petites dépenses courantes, je dis à Mme Crouan que je ne pouvais, en ce moment, lui donner que cent francs; elle me refusa en disant qu'elle voulait tout ou rien. Le lendemain elle m'envoya demander par la cuisinière quinze francs que je donnai pour la provision. Deux jours après, la cuisinière revint me demander cinquante francs que je donnai pareillement. M. Crouan m'ayant autorisé par lettre à donner cent francs, je complétai les cent francs en donnant trente-cinq francs à une ouvrière qui se trouvait en journée chez Mme Crouan.

Sur l'interpellation de M' de la Peccaudière, le témoin répond :

J'ai dit que M. Crouan était venu deux fois a Nantes ; je crois qu'il y passa une fois vingt-quatre heures, l'autre fois huit ou dix jours : mais il me serait impossible de préciser les dates.

Sur l'interpellation de M' Reneaume, le témoin répond :

Ce ne fut point sur une demande de ma part que M. Crouan m'écrivit de compter cent francs à Mme Crouan, ce fut spontanément ; il me dit : Versez cent francs à Mme Crouan pour ses besoins, si elle en a. Avant l'époque dont je viens de parler, Mme Crouan ne me demandait point d'argent pour le ménage, c'était à M. Crouan que j'en versais, et il me disait de porter ces sommes au compte du ménage. Je ne pense pas que jamais Mme Crouan ait manqué d'argent.

Les dépenses du ménage me paraissaient élevées, et j'ai souvent vu M. Crouan donner à Mme Crouan des sommes assez importantes sur sa demande.

Le témoin continue spontanément : j'ai été bien surpris de voir dans la signification qui m'a été faite que Mme Crouan se plaignait de mauvais traitements de la part de son mari ; son ménage m'avait toujours présenté l'aspect du bonheur. Depuis 1845 jusqu'à la fin de 1850, Mme Crouan venait régulièrement, après déjeûner, au cabinet avec son mari : elle était gaie, causante, et même quelquefois faisait entendre sa jolie voix en chantant. Son mari, pensant qu'elle pouvait nous troubler dans notre travail, lui disait amicalement de ne pas faire de bruit. Quelquefois, troublé dans mes calculs par les conversations et les rires de Mme Crouan, je me disais avec impatience : voila une lune de miel qui dure longtemps. Indépendamment de son séjour au cabinet, Mme Crouan venait fréquemment, dans la journée, me demander son mari : elle paraissait ne pouvoir s'en passer. Je me rappelle qu'en 1847, pendant une absence de M. Crouan, une lettre de celui-ci ayant été égarée, Mme Crouan était dans une inquiétude, une agitation extrême ; elle m'envoya à la poste pour savoir s'il n'y avait pas de lettre de son mari. Sans les observations de son père et de sa mère, elle serait partie pour Paris.

Il n'y a eu qu'une seule fois une lettre recommandée à la poste pour Mme Crouan. M. Crouan me dit, à ce sujet, qu'ayant vu au travers du guichet de la poste, parmi ses lettres, une lettre qu'à sa couleur il avait reconnue pour une lettre recommandée, pour éviter le désagrément d'un refus qui aurait dû lui être fait, il n'avait pas voulu demander même sa correspondance. Il me chargea d'aller prendre à la poste sa correspondance. L'employé à qui je m'adressai me parla de la lettre recommandée ; je lui appris que Mme Crouan étant malade ne pouvait venir la réclamer, et le priai de l'envoyer à son domicile. Cet envoi, qu'on avait promis de faire de suite, n'eût lieu qu'au troisième jour.

10ᵉ TÉMOIN.

Mᵐᵉ BARRÉ.

10ᵉ *Témoin.* — Marie-Françoise Nebaud, veuve BARRÉ, couturière, demeurant à Nantes, quai Jean-Bart, a déposé :

Je n'ai jamais eu que les relations les plus agréables avec Mᵐᵉ Crouan ; elle était aimable et gracieuse pour tout le monde. Je me suis adressée plusieurs fois à elle pour des malheureux, et elle a toujours accueilli mes demandes avec la plus grande bonté. Un jour qu'elle était chez moi, il fut mention, en sa présence, d'une personne très-malheureuse en ménage, elle me dit alors : « S'il m'arrivait d'avoir des chagrins semblables, jamais personne » n'en aurait connaissance. » J'ai conclu de là que, si aujourd'hui elle forme une demande en séparation de corps, il lui a fallu, pour cela, de très-graves motifs.

J'ai souvent entendu dire que Mᵐᵉ Crouan était malheureuse en ménage ; mais il me serait impossible de désigner les personnes qui me l'ont dit. C'était un fait très-connu et dont il a été souvent mention chez moi où viennent fréquemment beaucoup de dames.

11ᵉ TÉMOIN.

JEANNE JOLIN.

11ᵉ *Témoin.* — Jeanne JOLIN, cuisinière, demeurant à Nantes, rue de l'Héronnière, a déposé :

Je suis depuis six ans au service des époux Crouan, en qualité de cuisinière. J'ai souvent entendu M. Crouan parler très-fort à sa dame. Je n'entendais pas ce qu'il lui disait, mais il parlait comme quelqu'un qui a un différend. En 1852, je crois, j'ai entendu, dans le salon à manger, remuer des chaises pendant que M. et Mᵐᵉ Crouan s'y trouvaient ensemble. J'ai entendu une fois un pareil bruit dans le salon de compagnie. Ce jour, autant que je puis me rappeler, M. Crouan ne trouvant pas sa dame chez lui, l'envoya chercher, et ce fut après son retour que j'entendis le bruit de chaises que l'on poussait. En fait de choses graves, je ne me rappelle pas autre chose.

Sur l'interpellation à requête de Mᵉ de la Peccaudière, le témoin répond :

Je n'ai point entendu Mᵐᵉ Crouan dire, en ouvrant la porte du salon : « Désormais je veux que les portes soient ouvertes, afin que l'on entende ce » que me dit M. Crouan. » Mais la femme de chambre, Virginie, m'a dit l'avoir entendu. C'était, je crois, à l'occasion d'une note de médecin que M. Crouan ne voulait pas payer, parce qu'on ne lui avait pas demandé son avis pour recourir à ce médecin. La femme de chambre saura cela mieux que moi qui n'ai entendu qu'un très-fort coup de sonnette.

Sur l'interpellation du même, le témoin répond :

J'ai demandé à M. Jacquet, caissier, de l'argent pour les dépenses du ménage : il m'a donné une fois cinq francs, une autre fois dix, une troisième fois cinquante. Plus tard, il m'apporta lui-même trente-cinq francs, disant que M. Crouan avait donné l'ordre de compléter la somme de cent francs ; cette somme n'était pas épuisée quand M\u1d50\u1d49 Crouan est partie.

Sur nouvelle interpellation du même, le témoin répond :

Ce fut quinze jours environ après la mort de M\u1d50\u1d49 Vauloup que M. Crouan partit pour la campagne, emmenant ses enfants et ses domestiques : il voulait, disait-il, faire prendre l'air de la campagne à ses enfants, et il avait coutume d'emmener les domestiques lorsqu'il emmenait les enfants. Toutefois, ce n'était pas le temps des vacances pour la jeune demoiselle. Le départ eut lieu, autant que je puis me le rappeler, trois ou quatre jours avant l'arrivée de M\u1d50\u1d49 Crouan. Le deuxième ou troisième jour après le départ pour la campagne, M. Crouan me fit revenir à Nantes auprès de sa dame. « Si Madame a quelqu'un près d'elle pour la servir, me dit-il, vous reviendrez ici. » — Et si Madame veut revenir, repris-je ? « Alors vous reviendrez ensemble. » M. Crouan me conduisit dans sa voiture, de sa maison au Port-Saint-Père, à trois lieues de chez lui : au Port-Saint-Père, bourg situé à 20 kilomètres de Nantes, il passe journellement plusieurs voitures publiques : je montai là en diligence et arrivai à Nantes.

A mon arrivée à la maison, M\u1d50\u1d49 Crouan était au lit, assez fatiguée. Rose Guibert, journalière, qui venait souvent chez les époux Crouan, était à la maison. M\u1d50\u1d49 Crouan me dit qu'elle ne comprenait pas comment M. Crouan avait pu partir avec ses enfants, sachant qu'elle devait arriver. La chambre qu'occupait M\u1d50\u1d49 Crouan contenait un lit complet, une commode, un bureau et des chaises. Le lit n'avait pas de rideaux montés, mais il y en avait dans la maison qui étaient destinés à y être placés.

Quand M. Crouan ramena sa fille à Nantes, il arriva le soir, vers les huit heures, huit heures et demie. La jeune fille vit sa mère, coucha à la maison, et fut reconduite le lendemain matin, sur les sept heures, par son père, au Sacré-Cœur. Le petit Fernand, âgé alors de sept ans, resta à la maison.

Sur l'interpellation du même, le témoin répond :

Après avoir passé quelque temps avec M\u1d50\u1d49 Crouan à Nantes, je revins avec les enfants et M. Crouan à la campagne, où je suis restée une huitaine de jours. Pendant ce séjour, qui eut lieu à la fin d'août ou au commencement de septembre, les enfants de la ferme avaient ramassé du bois mort dans la forêt. M. Crouan leur dit : « On fera un feu de joie, dimanche, et vous vous amuserez. » Le feu de joie eut lieu, en effet, et les enfants de la ferme, ceux de M. Crouan et les domestiques dansèrent ; je ne voulus pas danser d'abord, parce que je pensai que cela ferait de la peine à Mme Crouan, à raison de la mort récente de sa mère, et, en outre, parce que cela ne me faisait aucun plaisir. Le lendemain, la sœur de M. Crouan me témoigna son étonnement de ce que je n'avais pas dansé. Je lui répondis que cela ne me convenait point. Il était d'usage chez M. Crouan de faire des feux de joie et de danser à l'époque des vacances des enfants, mais le jour dont je viens de parler, il y avait plus de monde que de coutume. Il n'y avait, toutefois, d'étrangers à la maison que la sœur et deux nièces de M. Crouan.

Sur l'interpellation à requête du même, le témoin répond :

Depuis que je suis au service des époux Crouan, j'ai vu tantôt qu'ils se faisaient beaucoup d'amitiés, tantôt qu'ils ne se parlaient pas. Dans le commencement, les amitiés étaient beaucoup plus fréquentes ; plus tard, il arrivait souvent qu'ils ne se parlassent pas. Depuis surtout la maladie de Mme Vauloup et les fréquents voyages de Mme Crouan qu'a occasionnés cette maladie, les contrariétés entre les époux m'ont paru plus fréquentes.

Sur l'interpellation à requête de Me Reneaume, le témoin répond :

Je me suis aperçue que les relations fréquentes que Mme Crouan avait avec M. et Mme Dubois augmentaient la froideur entre les époux Crouan. Je n'ai pas entendu M. et Mme Dubois tenir de propos désagréables sur le compte de M. Crouan, mais je sais que la femme de chambre a entendu, de la bouche de ces personnes, des propos de cette nature. M. Crouan était mécontent de la fréquentation trop habituelle de sa femme avec sa famille, et aimait que l'on fît attention à lui.

Sur l'interpellation à requête du même, le témoin répond :

Depuis 4 ans environ que la famille Vauloup s'était établie à Paris, Mme Crouan avait une correspondance très-suivie avec ses parents, et depuis la maladie de Mme Vauloup surtout, elle écrivait à Paris tous les deux jours. Souvent M. et Mme Allard, ou Rose Guibert, lui apportaient en cachette des lettres venant de Paris. Mme Crouan m'en a confié quelques-unes que j'ai renfermées dans mon armoire ; je n'aurais pas eu l'indiscrétion d'en prendre connaissance, et, d'ailleurs, je ne sais pas lire.

Sur l'interpellation du même, le témoin répond :

A une époque que je ne puis pas indiquer d'une manière précise, mais je crois que c'était pendant la maladie de Mme Vauloup, Mme Crouan brûla un jour une quantité énorme de lettres ; j'ignore de qui elles étaient : je fis en moi-même cette réflexion : Si c'était bon pour elle, elle ne les brûlerait pas. Je pensais qu'elle craignait qu'on ne les vît. A d'autres époques, Mᵐᵉ Crouan avait souvent brûlé des lettres, mais jamais en aussi grande quantité.

Sur l'interpellation de Mᵉ de la Peccaudière, le témoin répond :

J'avais l'idée que M. Crouan prenait les lettres de Madame et les lisait ; la femme de chambre avait la même idée. De ma part, ce n'étaient que des soupçons : la femme de chambre en avait-elle eu des preuves ? je l'ignore ; je sais seulement qu'elle prévint Mᵐᵉ Crouan qui, depuis cette époque, brûla ses lettres et les fit recevoir par un moyen indirect.

Sur l'interpellation à requête de Mᵉ Reneaume, le témoin répond :

Lorsque Mᵐᵉ Crouan est arrivée à Nantes, après la mort de sa mère, son linge était dans un petit placard placé dans le cabinet de toilette ; je pense que le placard était ouvert, mais je suis sûre que le cabinet l'était.

Lorsque M. Crouan se rendit à la campagne, avant l'arrivée de sa dame, la roue de sa voiture lui passa sur le pied, et il fut obligé de se faire mettre des sangsues ; pendant deux jours il ne put marcher.

Mᵐᵉ Crouan, à son arrivée à Nantes, après la mort de sa mère, reçut de nombreuses visites ; les visites continuèrent après le retour de M. Crouan. Je ne me suis pas aperçue, à cette époque, qu'il ait dit un seul mot désobligeant à sa dame, ni qu'il se soit plaint des visites qui lui étaient faites.

Au deuxième voyage que fit M. Crouan à la campagne, après la mort de Mᵐᵉ Vauloup, Mᵐᵉ Crouan se plaignit à moi de ce que M. Crouan emmenait ses enfants. A ce voyage, M. Crouan m'emmena à la campagne et laissa Rose Guibert près de Mᵐᵉ Crouan, à qui il était indifférent d'avoir près d'elle la femme de chambre ou moi, ou Rose Guibert. Après huit jours de séjour à la campagne, M. Crouan me ramena lui-même à Nantes pour remplacer Rose Guibert.

Dans les jours qui ont précédé la demande en séparation, Mᵐᵉ Crouan a dit devant Rose Guibert et moi que M. Crouan voulait faire estimer et vendre tous les effets de la communauté Vauloup, même les habits dont M. Vauloup était vêtu.

Au mois d'avril 1852, Mᵐᵉ Allard me dit, en revenant de Paris, qu'elle avait grondé sa mère, Mᵐᵉ Crouan, de ce qu'à Nantes et auprès de son mari elle n'était point gaie et ne mangeait point comme elle le faisait à Paris, ce qui, suivant elle, n'était pas raisonnable.

Au retour de Mᵐᵉ Crouan de Paris, au mois de janvier 1851, je crois,

cette dame parut mécontente d'être revenue à Nantes : elle prit une
chambre à coucher à part ; un ou deux mois après, elle retourna dans la
chambre de son mari ; cela dura assez longtemps, un an peut-être ou
environ, après quoi elle reprit de nouveau une chambre à part qu'elle a
conservée jusqu'au moment de la séparation.

Lorsque M. et Mme Crouan étaient bien ensemble, M. Crouan était plein
d'attention pour sa dame. Depuis les derniers temps de la maladie de
Mme Vauloup, lorsqu'il revenait de la campagne, il s'occupait peu de sa
femme et ne lui parlait pas.

12e TÉMOIN.
VIRGINIE LEBÈGUE.

12e *Témoin.* — Virginie LEBÈGUE, femme de chambre chez M. Denis
Crouan :

Je suis entrée au service des époux Crouan en avril 1850 ; je fus gagée
à Paris par Mme Crouan, chez Mme Vauloup, dont ma sœur était alors
cuisinière. M. et Mme Crouan me paraissaient alors très-bien ensemble,
je me rappelle même que M. Crouan demanda si j'étais capable d'habiller
convenablement Madame. Ce fut vers la fin de 1850 que je m'aperçus
que Mme Crouan avait l'intention de se séparer de son mari. Vers la fin
de novembre ou le commencement de décembre 1850, Mme Crouan se
rendit à Paris chez sa mère, et y passa environ six semaines. M. Crouan
n'y passa qu'une huitaine de jours. Lorsqu'il partit pour revenir à Nantes,
et que la famille lui eut fait ses adieux, au moment où il venait de passer
la porte de l'antichambre pour sortir, Mme Dubois fit, en regardant la
porte par laquelle venait de sortir M. Crouan, un geste de dérision que les
enfants appellent un pied-de-nez : M. et Mme Vauloup, M. et Mme Dubois
et Mme Crouan étaient présents, ainsi que Mlle Lelau ; je ne me rappelle
pas si les enfants Crouan y étaient en ce moment. Mme Vauloup, en voyant sa
fille faire ce geste, lui dit : « Ma chère amie, je ne te comprends pas,
tiens-toi. » Toutes ces dames, y compris même Mme Crouan, me parurent
fort contentes du départ de M. Crouan. Après le départ de M. Crouan,
Mme Crouan reprit ses habitudes ordinaires : elle chantait, jouait du piano
avec sa sœur, allait en soirées et dînait en ville avec sa famille ; elle allait
plus souvent en soirées qu'elle ne dînait en ville. Lorsqu'elle fut sur le
point de revenir à Nantes, vers la fin de décembre 1850, elle me parut
contrariée de ce retour ; je ne lui ai rien entendu dire qui fut la preuve
de cette impression, mais il m'a semblé qu'elle était contrariée. À cette
époque, j'ai entendu Mme Vauloup dire à sa fille, en parlant de M. Crouan :
« Si je croyais que ce monstre dût rentrer chez moi, je ne sais ce que je

» ferais; s'il vient désormais pour te conduire ici, il ne faudra pas qu'il
» monte dans l'appartement, mais qu'il reste dans la rue à t'attendre. »
Quelques jours avant le départ de Mme Crouan pour Nantes, étant à table
avec sa famille, elle fut prise d'un vif mouvement d'impatience, et saisissant
une assiette, dit : « Si je ne me retenais, je la briserais en mille morceaux. » Sa mère lui dit : « Ma fille, je t'en prie, retiens-toi. » La veille
ou l'avant-veille du départ, M. Vauloup fut un certain temps dans le
salon à manger, à écrire sur un grand papier; lorsque je voulus entrer
pour faire la chambre, il m'en empêcha, en disant qu'il était occupé.
Quand nous fûmes en route pour revenir à Nantes, Mme Crouan me dit,
en parlant du papier qu'avait écrit M. Vauloup: « J'ai mon journal dans
» ma poche, je sais ce que j'ai à dire en arrivant à M. Crouan. » Elle
ne me parla point de séparation, mais je ne doutai pas que ce ne
fut de cela qu'il s'agissait. Elle ajouta : « J'espère revenir à Paris dans
» quinze jours avec vous et mes enfants. » A l'arrivée de la diligence à
Nantes, M. Crouan était sur la place Graslin à nous attendre: je restai
dans le coupé à retirer les effets de Madame qui était descendue, et de
là je me rendis directement au bureau pour faire ouvrir les malles; je
ne fus donc pas témoin de ce qui se passa alors, mais Rose Guibert, qui
était présente, me dit avec un sentiment de surprise, que Mme Crouan
avait dit à son mari en descendant de voiture : « Mon oncle et ma tante
» Allard devraient être ici à m'attendre, » et lui avait tourné le dos.
Ayant été retardée par les soins à donner aux effets, je ne rentrai à la
maison qu'après Madame. A mon arrivée, M. Crouan me dit : « Est-ce
» que vous n'avez pas descendu aux différentes stations pour faire mettre
» de l'eau chaude aux pieds de Madame? elle paraît mécontente. » Le
soir de son arrivée, Mme Crouan prit une chambre à part, nommée la
chambre blanche, disant qu'elle était malade; elle continua d'y résider
pendant six semaines ou deux mois, après quoi elle retourna dans la
chambre de Monsieur. Pendant qu'elle séjournait dans une chambre séparée,
elle fit venir coucher près d'elle la cuisinière, parce que, disait-elle,
étant sourde, elle avait besoin d'avoir quelqu'un près d'elle. Après quelque
temps de séjour dans la chambre de M. Crouan, Mme Crouan retourna
dans sa chambre séparée, et, après un laps de temps que je ne puis
déterminer au juste, elle retourna de nouveau dans la chambre de
M. Crouan.

En 1851 ou 1852, car je n'ai pas fait de remarques à cet égard, j'ai
plusieurs fois entendu parler haut et d'une manière qui indiquait du mécontentement dans la chambre où se trouvaient les époux Crouan. C'était

M. Crouan qui parlait le plus haut; je n'ai jamais été témoin de mauvais traitements de la part de M. Crouan envers sa dame.

En 1851, je crois, Mme Crouan a reçu des lettres de Paris par l'intermédiaire de M. ou Mme Allard, et les brûlait après les avoir lues. Je l'ai vue les brûler, et Rose Guibert m'a dit en avoir apporté plusieurs fois de chez M. Allard.

Dans le commencement, elle m'en donnait connaissance; plus tard, elle en garda le secret ; mais je savais qu'elle apportait des lettres, parce qu'elle demandait à parler à Madame, et que, peu de temps après sa visite, Madame brûlait des lettres. C'était moi qui portais à la poste les lettres de Madame, et, avant de me confier cette mission, elle me demanda si je me sentais le courage de la remplir, et si, dans le cas où je rencontrerais M. Crouan, j'oserais lui dire que je n'avais pas de lettres. Je lui répondis affirmativement.

Sur l'interpellation à requête de Me de la Peccaudière, le témoin répond :

En 1852, après la mort de Mme Vauloup, Mme Crouan étant à Nantes, chez elle, agita fortement sa sonnette. Je me rendis immédiatement au bruit de la sonnette, et Mme Crouan me dit : « Entrez, Virginie, entrez pour » entendre ce que me dit M. Crouan. » Celui-ci prit la parole et dit : « Je » disais tout à l'heure à Mme Crouan qu'elle n'aurait pas dû se faire soigner » aux parties secrètes sans prévenir son mari. Mais, depuis qu'elle est » revenue de Paris, on ne peut plus lui faire d'observations ; elle y a reçu de » bons conseils! » Mme Crouan paraissait très-émue, M. Crouan avait l'air très-calme et tenait à la main une note de médecin. Mme Crouan était assise sur la causeuse, M. Crouan était debout en face d'elle. M. Crouan me dit : « Virginie, vous entendez ce que je dis à Madame, elle prétend que je suis » en colère, vous voyez que je suis très-calme. »

Sur l'interpellation du même, le témoin répond :

Lorsque Mme Crouan quitta le domicile conjugal pour former sa demande en séparation, je fus, avec le consentement de M. Crouan, la voir chez M. Allard, où elle s'était retirée. Je lui dis en l'abordant que je ne m'attendais pas à ce que je dusse venir la voir hors de chez elle. « Virginie, me » répondit-elle, il y a longtemps que j'aurais dû le faire. Vous devez vous » rappeler que je vous ai dit que j'aimerais mieux être femme de chambre » que femme de M. Crouan. » Elle m'avait, en effet, tenu ce propos, en 1852, je crois. — « Il faut espérer que Madame reviendra à la maison, repris-je. » — « Jamais je n'y rentrerai, dit-elle, c'est fini. »

Le témoin ajoute, sur l'interpellation de Me Reneaume :

Mme Crouan me proposa de la suivre à Paris, en m'offrant trois cents

francs de gages. Je lui demandai 24 heures pour réfléchir. « Ne comptez
» pas, dit-elle, rester chez M. Crouan, il ne demeurera pas à Nantes, j'aurai
» la moitié de tout, les meubles seront vendus, je rachèterai divers objets
» auxquels je tiens, ma fille viendra avec moi. Fernand restera avec son
» père. »

Sur l'interpellation de Mᵉ de la Peccaudière, le témoin répond :

A une époque que je ne puis me rappeler, M. Crouan étant revenu de sa
campagne de Princé à une heure où les bougies étaient allumées, ne trouva
personne chez lui ; Mᵐᵉ Crouan, ses enfants, la cuisinière et moi étions chez
M. Allard. M. Crouan, ne pouvant rentrer chez lui, envoya demander par
la domestique d'un de ses amis les clés de la maison. La cuisinière sortit
de chez M. Allard et fut les lui porter. Elle revint bientôt après dire que
M. Crouan demandait Madame. La femme de chambre de Mᵐᵉ Allard ayant
fait la remarque que Mᵐᵉ Crouan n'avait pas l'air de se presser, je répondis :
Nous allons être grondées ; mais je ne dis point qu'il allait y avoir une
scène.

Sur l'interpellation du même, le témoin répond :

Je n'ai point vu, en coiffant Mᵐᵉ Crouan, son peigne tomber en deux
morceaux : je ne coiffais point Madame, qui se coiffait elle-même, et elle
ne portait pas de peigne la nuit. Tout ce que je sais en fait de peigne, c'est
qu'un jour, en 1852, je crois, elle m'ordonna d'aller chercher plusieurs
peignes à tenir les cheveux, afin qu'elle en pût choisir un. « J'ai honte,
» ajouta-t-elle en souriant, de porter celui que j'ai maintenant, tous les
» jours j'en casse un petit morceau. » Je n'ai point vu, nombre de fois, les
bonnets de Mᵐᵉ Crouan déchirés en lambeaux. J'ai vu, une fois, un de ses
bonnets déchiré, et le mis dans la corbeille au linge ; je m'étonnai qu'il fut
déchiré, parce qu'il était assez bon, mais je n'y fis pas une grande attention,
parce que ce n'était pas moi qui devais le raccommoder. Lorsque Mᵐᵉ Crouan
s'est retirée chez M. Allard, après avoir formé sa demande en séparation, elle
m'a demandé si je me rappelais avoir vu un bonnet déchiré, je lui répondis
affirmativement ; elle me dit qu'il faudrait le déclarer quand je serais appelée
à déposer en justice.

Sur l'interpellation du même, le témoin répond :

Dans le temps où Mᵐᵉ Crouan recevait des lettres par l'intermédiaire
de M. Allard, M. Crouan entrait quelquefois dans le petit salon pendant
l'absence de Mᵐᵉ Crouan et refermait la porte sur lui. Il restait ainsi longtemps seul. Je supposais qu'il entrait dans la chambre de Mᵐᵉ Crouan et
y faisait des recherches ; mais je n'en avais pas la preuve. Je dis un jour
à Mᵐᵉ Crouan : Croyez-vous que Monsieur ne voit pas vos lettres ? Elle me

répondit qu'elle ne le pensait pas, que sa commode était très-bien fermée. Sur mon observation, elle se rendit dans sa chambre, fit l'examen de sa commode, et me dit qu'elle n'avait rien trouvé de dérangé. Elle me demanda une bougie pour faire des paquets de ses lettres et les cacheter, mais ensuite elle préféra les brûler, ce qu'elle fit en ma présence et en présence de la cuisinière. Elle me dit qu'elle n'avait pas d'inquiétude pour ses lettres, si ce n'est pour quelques-unes seulement, et pour la note que lui avait faite son père.

Un jour, dans le même temps où j'avais vu M. Crouan entrer dans le petit salon, un serrurier m'apporta un petit paquet pour le lui remettre : je supposai que ce paquet pouvait contenir des clés. Je fis part de cette circonstance à Madame, sans savoir au juste ce que contenait le paquet, et à quoi il était destiné.

Sur l'interpellation du même, le témoin répond :

A l'époque du retour de Mᵐᵉ Crouan à Nantes, après la mort de sa mère, M. Crouan partit pour la campagne avec ses enfants et ses domestiques, deux jours, je crois, avant l'arrivée de Mᵐᵉ Crouan. Il me chargea d'aller porter la clé d'entrée de son appartement chez Mᵐᵉ Prudent Crouan, qui demeure dans la maison voisine de la sienne, ce que je fis.

Sur l'interpellation à requête de Mᵉ Reneaume, le témoin répond :

Le départ de M. Crouan pour la campagne, au moment de l'arrivée de sa femme, avait été arrêté quatre ou cinq jours avant le moment où s'effectua. M. Crouan avait envoyé d'avance des provisions à la campagne, par le commissionnaire Bichon.

Sur l'interpellation du même, le témoin répond :

Quand M. Crouan est parti pour la campagne, la clé de son appartement se trouvait, comme je l'ai dit, chez M. Prudent Crouan. Les diverses pièces de l'appartement étaient ouvertes, à l'exception de la chambre de M. Crouan ; les clés des placards et meubles avaient été placées par moi, d'après l'ordre de M. Crouan, sur la table du salon à manger ; la clé de l'armoire au linge avait été placée, aussi par moi, dans l'armoire des enfants, qui était ouverte. C'était la place qu'elle occupait, quand Mᵐᵉ Crouan était absente ; quand elle était à Nantes, elle avait cette clé dans sa propre armoire. Une fois, à un retour de voyage, Mᵐᵉ Crouan avait elle-même pris cette clé dans cet endroit. Le linge de Madame se trouvait dans le placard du cabinet de toilette de Monsieur. La clé était à ce placard et le cabinet était ouvert.

Sur l'interpellation du même, le témoin répond :

La chambre, dite chambre blanche, où couchait Mᵐᵉ Crouan, était meublée d'un lit très-bien garni, d'une table, d'une commode, d'un bureau, d'un grand nombre de chaises. Pendant quelque temps même, il y avait eu un secrétaire, qui fut reporté dans la chambre de M. Crouan lorsque Madame y retourna. Il n'était pas dans la chambre blanche à l'arrivée de Mme Crouan. Les rideaux des fenêtres et du lit étaient déposés dans les armoires, blanchis, mais non repassés. A une époque précédente, Mme Crouan m'avait dit qu'il était inutile de les faire monter; mais lorsqu'elle partit pour Paris, peu de temps avant la mort de sa mère, elle ne me donna point d'ordre relativement à ces rideaux; elle couchait alors dans la chambre de M. Crouan. La chambre blanche était habitée par Mme Vauloup et les autres membres de la famille de Mme Crouan, lorsqu'ils venaient à Nantes la voir.

Sur l'interpellation du même, le témoin répond :

Lorsque M. Crouan se rendit à la campagne, deux jours avant l'arrivée de sa dame, la roue de sa voiture lui passa sur le pied : il fut obligé de faire usage de sangsues et fut deux ou trois jours sans marcher.

Sur l'interpellation du même, le témoin répond :

Quand M. Crouan revint à Nantes, une quinzaine de jours environ après l'arrivée de sa femme, je ne me suis point aperçue qu'il lui ait dit de propos désagréables. Les deux époux prenaient leurs repas ensemble, mais ils ne se parlaient pas. Mme Crouan reçut alors de nombreuses visites : M. Crouan n'y mettait point d'opposition et n'en témoignait pas même de mécontentement : il se tenait à son cabinet.

Sur l'interpellation de Me de la Peccaudière, le témoin répond :

M. Crouan me donna l'ordre de ne point recevoir Mme La Perrière et Mme Albert : ce sont les seules personnes qu'il m'ait dit de ne pas recevoir. Il ne m'a pas dit ses motifs relativement à Mme La Perrière : quant à Mme Albert, il m'a dit qu'il ne voulait pas recevoir la femme d'un homme qui lui avait fait perdre de l'argent.

Sur l'interpellation de Me Reneaume, le témoin répond :

A l'époque que je viens d'indiquer, Mme Crouan avait laissé ses effets dans ses malles. Je lui proposai de les déballer et de les mettre dans sa commode : elle me répondit que cela n'était pas nécessaire.

Sur l'interpellation de Me Reneaume, le témoin répond :

Le lendemain ou le surlendemain du retour de M. Crouan à la ville, il me dit de prévenir Madame qu'il y avait pour elle, à la poste, une lettre qu'on ne pouvait avoir qu'avec un papier timbré. Quand j'eus prévenu Madame de ce fait, elle me répondit : Tant mieux !

A la même époque, Mme Crouan marchait dans sa chambre, et même dehors, puisque je l'ai accompagnée une fois à l'église de Saint-Louis. Toutefois, elle me disait ne pouvoir pas marcher fort sans être fatiguée : elle m'a dit aussi, dans ce temps , qu'après la mort de sa mère , elle était allée deux fois, à pied , de la maison de M. Vauloup, située rue Bourdaloue, jusqu'au cimetière Montmartre ; mais elle m'invita à ne pas le dire à M. Crouan, parce qu'il la croirait en état d'aller à la campagne.

Sur nouvelle interpellation du même, le témoin répond :

Lorsque M. Crouan retourna à la campagne, Rose Guibert convint avec lui de rester huit jours auprès de Madame. Je demandai à Madame, de la part de Monsieur, si elle préférait qu'au bout de huit jours je revinsse auprès d'elle, ou si elle aimait mieux que ce fût la cuisinière. Elle me répondit. qu'elle préférait que je restasse près des enfants, parce que j'étais plus capable d'en prendre soin, et, en conséquence, ce fut la cuisinière qui revint.

Quand nous retournâmes à la campagne, au moment de l'ouverture des vacances de la jeune Crouan, je n'aperçus aucun changement dans le jeune Fernand ; mais la jeune fille n'était plus la même à l'égard de son père : elle me dit que sa mère l'avait engagée à faire la moue à son papa , à aller d'un côté du jardin quand il serait de l'autre , et à dire en se cachant : « Mon Dieu ! que je m'ennuie à la campagne ! » Et, en effet, rendue à la campagne , elle a fait ce qu'elle m'avait dit avoir été engagée à faire ; mais , au bout de deux ou trois jours, elle reprit ses manières et ses habitudes ordinaires. Elle avait alors environ dix ans.

Sur l'interpellation du même, le témoin répond :

Huit ou quinze jours après le départ pour la campagne , et à l'époque des vacances de la petite Crouan, les enfants Crouan, réunis aux enfants des fermiers, ramassèrent du bois mort dans la forêt, avec leur petite charrette ; on en fit un tas , et, le dimanche suivant, on y mit le feu. Les enfants, ceux des fermiers, quelques-uns des fermiers et de leurs domestiques, dansèrent autour du feu de joie ; j'étais du nombre des danseurs. Il n'y avait pas d'autres personnes étrangères à la maison, que M. Auguste Crouan et ses deux petites filles. Il n'y a pas eu, vers cette époque, d'autre feu de joie que celui dont je viens de parler.

Sur l'interpellation du même, le témoin répond :

Mᵐᵉ Crouan, pendant la maladie de sa mère , a reçu , par l'intermédiaire. de M. Allard . une lettre de M. le docteur Riembault, qui faisait un tableau très fâcheux de l'état de santé de Mᵐᵉ Vauloup. Elle me dit qu'elle avait invité sa famille à en faire mettre un peu plus qu'il n'y en avait, afin d'obtenir la permission d'aller à Paris, et me recommanda de n'en rien dire à M. Crouan. Dans le même moment, peut-être dix minutes après, elle me dit qu'elle avait eu l'intention de montrer cette lettre à M. Crouan : mais qu'en y réfléchissant, elle n'avait pas voulu le faire, parce que cette lettre lui était parvenue par l'intermédiaire de M. Allard.

Sur l'interpellation du même, le témoin répond :

C'était moi qui laçais habituellement Mme Crouan. Je n'ai jamais vu dans quel état étaient ses jambes, parce qu'elle avait des bas quand je la laçais, mais je voyais ses bras, et je n'y ai jamais remarqué de meurtrissures.

On me demande si Mme Crouan mettait habituellement beaucoup de couvertures sur son lit : je réponds affirmativement.

Sur l'interpellation à requête du même, le témoin répond :

A son retour de Paris, en 1851, au moment où elle arrivait à l'entrée de Nantes, Mme Crouan s'écria : « Nous voilà donc arrivées à ce maudit Nantes ! »

Sur l'interpellation du même, le témoin répond :

Jusqu'au moment du voyage fait à Paris par Mme Crouan, en novembre ou décembre 1850, il me semblait exister de l'intimité entre les époux; ils sortaient fréquemment ensemble. M. Crouan paraissait très-bon, très-complaisant pour sa femme.

Sur l'interpellation à requête de Me de la Peccaudière, le témoin répond :

Je n'ai jamais entendu ce que disait M. Dubois; il parlait tellement vite, que je n'entendais pas ce qu'il disait. J'ignore donc s'il a dit ou s'il n'a pas dit de mal de M. Crouan. Quant à Mme Dubois, je ne me rappelle pas lui avoir entendu dire du mal de son beau-frère.

<table>
<tr><td>13e Témoin. — Virginie-Pauline Sallenin, épouse de M. Joseph Mosneron-Dupin, négociant, demeurant à Nantes, rue de l'Héronnière, n° 14 :</td><td>13e TÉMOIN.

Mme MOSNERON-DUPIN.</td></tr>
</table>

Je ne sais personnellement absolument rien concernant les différends des époux Crouan; mais j'en ai entendu parler souvent. Comme voisine, j'ai été dans les meilleurs rapports avec Mme Crouan, qui est venue souvent chez moi ; je n'ai eu également que de bons rapports avec M. Crouan, son mari. D'un autre côté, je suis intimement liée avec Mme Prudent Crouan, qui est aussi ma parente. C'est de ces deux sources que me sont parvenus les renseignements que j'ai obtenus sur cette affaire; et franchement je n'ai rien à en dire, à moins qu'on ne m'interroge.

Sur l'interpellation de Me de la Peccaudière, le témoin répond :

Dans le commencement de janvier 1851, je fus, avec ma nièce, voir Mme Crouan, qui venait d'arriver de Paris; elle avait une fluxion et la figure enveloppée. Sur la première question que je lui adressai, elle me parla du défaut d'accord qui existait entre elle et son mari, et me fit, sur ce point, des confidences auxquelles je ne m'attendais point : elle me parla, entre autres choses, d'une lettre que lui aurait écrite un de ses beaux-frères pour l'engager à revenir auprès de son mari, lettre dont elle aurait été blessée.

Sur l'interpellation du même, le témoin répond :

Mᵐᵉ Prudent Crouan m'a dit, dans le cours de 1851, que son mari n'osait demander de comptes à son frère, dans la crainte d'aggraver la position de la femme de celui-ci.

Sur l'interpellation du même, le témoin répond :

Lorsque Mᵐᵉ Crouan revint de Paris, au mois d'août 1852, c'était le 3, je crois, je fus la voir deux jours après : son mari était absent ainsi que ses enfants. Elle avait alors, je crois, pour la servir, une fille de confiance, appelée Rose, quelle affectionnait beaucoup. Elle me dit qu'elle était très-souffrante, et se plaignit beaucoup de l'abandon où on la laissait.

Sur l'interpellation à requête de Mᵉ Reneaume, le témoin répond :

Je ne me rappelle pas assez, pour l'affirmer, si le jour dont je viens de parler, en 1851, Mᵐᵉ Crouan se plaignit à moi de mauvais traitements que son mari aurait exercés à son égard. A une époque que je ne puis indiquer, elle me parla d'un ou deux coups de pieds que son mari lui avait donnés dans son lit, ce qui l'avait forcée à sortir du lit et à aller demander asile à Mˡˡᵉ Lelan. Une autre personne (Mᵐᵉ Prudent Crouan) m'a dit, à une époque que je ne pourrais non plus déterminer, que sa belle-sœur lui avait conté le même fait en riant.

Sur l'interpellation à requête de Mᵉ de la Peccaudière, le témoin répond :

Le jour de Noël 1851, Mᵐᵉ Crouan me raconta qu'à une époque que je ne puis déterminer, pendant qu'elle brodait ou ourlait un mouchoir à son fils, son mari le lui avait ôté des mains et lui en avait flagellé la figure ; qu'ensuite il lui avait jeté sa corbeille à terre, et, la tirant brusquement par le bras pour la lui faire ramasser, l'avait fait tomber elle-même à terre jusqu'à trois fois.

Sur l'interpellation du même, le témoin répond :

Vous comprenez que lorsque, pendant deux années, l'on a entendu, de diverses parts, des récits sur une affaire, les souvenirs finissent par être un peu confus : je ne pourrais donc vous dire, en sûreté de conscience, si Mᵐᵉ Crouan m'a fait confidence de violences de la part de son mari, autres que celles que je viens de rapporter : je puis affirmer seulement qu'elle m'a dit plusieurs fois : « Si les murs pouvaient parler ! » Elle m'a dit aussi qu'elle était effrayée de l'expression de physionomie et des gestes de son mari à table.

Sur l'interpellation à requête de Mᵉ Reneaume, le témoin répond :

Avant les confidences dont je viens de parler, de la part de Mᵐᵉ Crouan, on parlait devant elle d'une jeune femme obligée d'user de beaucoup de soins et de précautions pour plaire à son mari ; elle répondit avec un air heureux, et comme sûre d'elle-même, qu'elle n'avait pas besoin de tant de précautions ; qu'elle était sûre que son mari la trouverait bien, même avec un bonnet de nuit.

Sur l'interpellation à requête du même, le témoin répond :

Jusqu'au mois d'octobre 1850, j'ai toujours remarqué les meilleurs rapports entre les époux Crouan, que je voyais moins alors, il est vrai, que je ne les ai vus depuis. Je me rappelle même qu'au retour d'un voyage de Paris, M. Crouan apporta à sa femme des dentelles noires qui lui causèrent un plaisir véritablement enfantin ; car, à onze heures du soir, elle les envoya à sa mère pour les lui faire voir.

Le témoin ajoute spontanément :

Pour satisfaire à ma conscience, j'ai dit des choses qui sont défavorables à M. Crouan ; par le même motif, j'en dois dire aussi qui ne sont pas favorables à Mᵐᵉ Crouan. Elle dût irriter son mari, lorsqu'en revenant à Nantes, en 1851, sur la place Graslin, où il l'attendait, elle refusa de l'embrasser ; et lorsque, rentrée chez elle, devant son oncle et sa tante, M. et Mᵐᵉ Allard, elle eut avec son mari une explication dans laquelle elle lui fit entendre les paroles les plus blessantes, après quoi elle quitta la chambre commune, et se retira dans son appartement. Ces paroles sont celles-ci :

« Tu pourras avoir ma personne ; mais tu n'auras jamais que mon mépris » et mon indifférence. »

Ce fait m'a été raconté par Mᵐᵉ Crouan elle-même.

Dans la même scène, ou dans une autre circonstance, car je ne puis rien affirmer à cet égard, M. Crouan disant à sa femme : « Mais tu m'as aimé, cependant... » Elle lui répondit : « J'ai joué la comédie ! » Je crois, sans en être aucunement sûre, que ce propos m'a été rapporté par Mᵐᵉ Crouan elle-même, mais je suis certaine qu'il me l'a été par Mᵐᵉ Prudent Crouan.

Dans une altercation que les époux Crouan eurent, au sujet de lettres que Mᵐᵉ Crouan prétendait lui avoir été enlevées par son mari, elle lui dit : « Tu as une âme de boue ! » M. Crouan répondit : « Tu ne devrais pas » dire une pareille chose, car mon âme est à l'image de Dieu ! » C'est de Mᵐᵉ Crouan que je tiens ce fait. C'est d'elle aussi que j'ai appris que son mari lui avait dit : « Je te ferai marcher dans un petit chemin où tu n'as jamais » passé ! »

Sur l'interpellation à requête de Mᵉ Reneaume, le témoin répond :

Je crois que Mᵐᵉ Crouan m'a déclaré, en s'en accusant, avoir dit à son mari : « Prends une maîtresse ! » J'ai tant entendu parler de ce fait dernièrement, que je ne puis affirmer s'il m'a été rapporté par Mᵐᵉ Crouan elle-même ; mais ce dont je suis plus sûre , c'est qu'il a été rapporté par Mme Prudent Crouan.

14e *Témoin*. — Adèle Bordier , femme PONGÉRARD , portière chez M. Allard, avenue de Launay, à Nantes :

Il y a quatre ans environ, M. et Mme Crouan sortaient ensemble d'une soirée chez M. et Mme Allard. Mme Crouan crut avoir oublié son voile, elle pria la domestique de Mme Allard, qui l'avait éclairée dans l'escalier, de remonter le lui chercher ; celle-ci, après être montée, redescendit en disant qu'elle ne l'avait pas trouvé. M. Crouan s'aperçut alors que le voile était rejeté en arrière, sur le dos de Mme Crouan. Il le ramena en avant, en disant à sa femme : « Imbécile, tu ne t'aperçois pas que tu l'as sur le dos! » Le geste et l'expression de physionomie me parurent plus significatifs encore que les paroles. Quinze jours plus tard, les époux Crouan sortaient encore d'une soirée de chez Mme Allard. Mme Crouan se trouvant en arrière, son mari lui dit brusquement : « Eh bien, viens-tu? » Je dis le lendemain à Rose Guibert, qui va très-souvent chez les époux Crouan : « Ce M. Crouan me paraît être bien brutal! » — « Ah! mon Dieu, me répondit Rose Guibert, c'est son air. » En disant cela, Rose Guibert me parut hésiter.

15e *Témoin*. — Henri-François-Hilaire GAUTRON, notaire à Nantes, rue J.-J. Rousseau :

Je ne sais personnellement rien concernant le procès pour lequel je suis appelé. Depuis la demande en séparation formée par la dame Crouan contre son mari, et avant cette demande, M. Crouan m'a quelquefois parlé de ses chagrins domestiques ; son langage annonçait un homme aimant profondément sa femme. Il se plaignait, peu avant la demande en séparation, du refus que faisait Mme Crouan de revenir à Nantes, à raison d'une maladie qu'il croyait moins grave qu'on ne le lui annonçait, et pensait que l'influence de la famille Vauloup n'était pas étrangère à ce refus.

Sur l'interpellation de Me Reneaume, le témoin répond :

A l'époque du décès de Mme Vauloup, M. Crouan me consulta sur les formalités qu'il y avait à remplir à cette occasion, et me manifesta les intentions les plus bienveillantes envers M. Vauloup , en ce sens qu'il entendait ne rien lui demander, mais seulement faire constater les valeurs auxquelles sa femme plus tard pourrait avoir des droits. Il choisit , d'après mon indication, le notaire qui devait concourir pour lui à l'inventaire , et je suis convaincu que ce notaire a parfaitement répondu aux intentions conciliantes que M. Crouan m'avait manifestées.

Sur l'interpellation du même, le témoin répond :

Lorsqu'en 1848 M. Crouan a acquis de M. Vauloup la terre de Princé, c'était, à raison des circonstances et des conditions dans lesquelles il l'a acquise, un véritable acte de dévouement de sa part : et je ne doute pas que M. Vauloup ne l'ait considéré comme tel à cette époque. Je doute qu'aujourd'hui même M. Crouan pût trouver de cette propriété un prix plus fort que celui qu'il a payé en 1848. Je n'ai aucune connaissance d'offres faites par M. Allard pour l'acquisition de Princé, et je regarde comme impossible qu'il en ait offert cent quatre-vingt mille francs.

16e *Témoin.* — Pélagie Loisillon, domestique chez M. Allard, avenue de Launay, à Nantes :

Il y a environ quatre ans, j'éclairais, dans les escaliers, M. et Mme Crouan, qui étaient venus passer la soirée chez M. Allard. Mme Crouan crut avoir oublié son voile, et me pria de remonter le chercher : je remontai immédiatement et redescendis sans l'avoir trouvé. M. Crouan s'aperçut alors que le voile était retombé en arrière sur le dos de sa femme, et, le rejetant en avant, il dit à Mme Crouan : « Es-tu bête ou imbécile, de ne pas voir que tu l'as sur le dos ! » Le ton était plus malhonnête encore que les paroles.

Il y a environ deux ans, mais je ne puis, au juste, préciser l'époque, M. Crouan, arrivant de la campagne et ne trouvant ni sa femme ni ses domestiques, qui étaient chez M. Allard, envoya demander, par la domestique de M. Bauchais, les clés de sa maison. La cuisinière les lui porta et revint chez M. Allard, en disant que M. Crouan demandait sur le champ son fils. Virginie, femme de chambre de Mme Crouan, dit alors en ma présence et en celle de tous les domestiques : « Oh ! quelle scène il va y avoir ! » Mme Crouan partit et reconduisit son fils.

A la Fête-Dieu de l'année 1852, les fenêtres de M. Crouan étaient drapées avec du calicot, pour le passage de la procession. Mme Crouan et ses domestiques avaient préparé des guirlandes de fleurs : M. Crouan ne voulut pas qu'on les plaçât. Il était tellement en colère, me dit Virginie, qu'il avait emporté les fleurs on ne savait où. L'année suivante, Mme Crouan n'était plus chez son mari, et, le jour de la procession, les fenêtres de M. Crouan étaient garnies de guirlandes.

Ma mère a gardé Mme Crouan pendant ses couches du petit Maurice et de la jeune Marie. Elle me dit, dans le temps, que Mme Crouan lui paraissait peu heureuse ; que chaque fois qu'elle rentrait de la chambre de son mari dans la sienne, elle avait les larmes aux yeux, et cependant, à l'époque de la première couche, le ménage ne durait que depuis quatorze mois.

Depuis la demande en séparation formée par Mme Crouan, les deux bonnes de M. Crouan, Virginie et Jeanne, me dirent : « Ceux qui ont donné » à Mme Crouan le conseil de quitter la maison de son mari, lui ont donné » un bien mauvais conseil. » Je ne sais, répondis-je, si on lui a donné ce conseil, mais elle était bien malheureuse. « Sans doute, elle était bien » malheureuse, » reprirent Virginie et Jeanne.

<table>
<tr><td>17e TÉMOIN.

Mme DUBOIS.</td><td>

17e Témoin. — Anaïs Vauloup, épouse de M. Dubois, demeurant à Paris, rue Bourdaloue, n° 7 :

Dans les premiers jours de juillet 1852, Mme Crouan, ma sœur, qui se trouvait à Paris, assez gravement indisposée, consulta, d'après le conseil de ma mère, le docteur Riembault, qui était le médecin de ma mère et le mien. Pour le mettre en état de la traiter avec connaissance de cause, elle lui apprit, en ma présence, que son union avec M. Crouan n'avait pas été heureuse ; que, six semaines après son mariage, elle avait déjà essuyé une scène violente de la part de son mari, aux Pyrénées ; que, plusieurs fois, elle avait été chassée, par le sieur Crouan, de son lit à coups de pieds ; qu'une fois, pendant une grossesse, chassée de son lit, elle avait été obligée de passer toute une nuit sur une causeuse, vêtue d'une simple robe de chambre ; que, deux ou trois mois avant la consultation qu'elle prenait de M. Riembault, le sieur Crouan, pour des motifs qu'elle ne nous expliqua pas, l'avait entraînée dans la chambre de sa fille, et, après avoir barricadé la porte, s'était jeté sur elle, l'avait poussée violemment sur le coupant d'une chaise et avait eu la perfidie de prétendre qu'elle s'était laissée tomber exprès ; que, six ou sept mois auparavant, sans nous dire encore pour quel motif, M. Crouan, dans son cabinet, l'avait jetée sur son coffre-fort ; qu'elle n'avait été sauvée que par un coup de la Providence, car elle aurait dû se fendre la tête sur le coffre-fort. Elle nous dit encore qu'un soir M. Crouan lui avait donné un coup de poing sur la tête, que son peigne en avait été brisé, et que même la femme de chambre s'en était aperçue ; elle nous pria de ne parler de ces faits à personne, et surtout de n'en rien dire à M. et Mme Vauloup. Je rapportai ces faits à M. Dubois, à qui je ne cache rien, mais je les cachai soigneusement à ma mère qui les a toujours ignorés, et à mon père qui ne les a connus que depuis la demande en séparation.

</td></tr>
</table>

En 1852, après la mort de ma mère, j'accompagnai, à Nantes, Mme Crouan, ma sœur, qui était souffrante, et que je ne voulais pas laisser revenir seule à Nantes. A notre arrivée, nous trouvâmes la maison abandonnée ; M. Crouan était parti quatre jours avant pour la campagne, avec ses enfants et ses domestiques. MM. Auguste et Prudent Crouan étaient venus au devant de nous à la gare, mais nous revînmes dans la voiture de mon oncle Allard et arrivâmes à la maison avant ces Messieurs qui étaient à pied. Jusqu'à leur arrivée, nous fûmes obligées d'attendre chez la portière, parce que nous n'avions pas la clé de l'entrée de l'appartement qui était chez M. Prudent Crouan. Presque au moment où ils arrivaient, les personnes de la maison de M. Prudent Crouan, ayant su que nous étions chez le portier, nous envoyèrent la clé, et nous entrâmes dans l'appartement en même temps que MM. Auguste et Prudent Crouan arrivaient de la gare. La chambre conjugale était fermée ; nous fûmes reléguées, ma sœur et moi, dans une chambre dite chambre blanche, où se trouvait un seul lit sans rideaux, une commode fermée à clé, dont la clé était absente, un vieux bureau et des chaises; le lit était si mauvais, que je n'aurais pas voulu le donner à un domestique bien portant. L'armoire au linge était fermée, et ce fut par hasard que ma sœur en trouva la clé dans l'armoire des enfants. Le linge de ma sœur se trouvait en partie dans un placard de la chambre de la petite fille, qui était ouvert, mais les objets de toilette et les bijoux de ma sœur, ainsi que les portraits de famille, et surtout celui de ma mère, auquel elle attachait une grande importance, se trouvaient dans la chambre conjugale. Pendant les premiers jours, nous n'eûmes pour nous servir qu'une vieille domestique, nommée Rose Guibert, qui venait seulement coucher chez nous et faire le ménage pendant une couple d'heures, parce qu'elle était gagée ailleurs ; ce ne fut que le quatrième jour que la cuisinière arriva.

Quelques jours après notre arrivée, M. Prudent Crouan étant venu nous voir, dit à ma sœur qu'ayant obtenu de son mari la concession de venir assister aux derniers moments de sa mère, elle aurait dû, lorsque celui-ci arriva à Paris, aller le voir à son hôtel. Cette observation nous parut très-extraordinaire et même cruelle. Quelques jours après, Mme v^e J.-J. Crouan étant venue nous voir, manifesta la même opinion que M. Prudent Crouan, et nous dit que c'était l'opinion générale de la famille : ma sœur lui ayant objecté qu'elle ne pouvait passer près du cercueil de sa mère, elle répondit : « Eussiez-vous dû en mourir, vous deviez aller voir votre mari. »

Il y a six ou sept ans, ma sœur avait été invitée à une soirée chez Mme Moller, et devait y chanter. M. Crouan, qui était absent, arriva le matin même du jour où la soirée devait avoir lieu: il dit à ma sœur qu'elle savait bien qu'il ne voulait pas qu'elle acceptât des invitations pendant son absence, et refusa de la laisser aller à cette soirée. Ma mère vint dans la journée pour essayer de changer ses résolutions, elle n'y réussit pas. Vers les neuf heures du soir, il changea d'avis et dit à sa femme de s'habiller; elle obéit, et se rendit à la soirée, les yeux encore rouges par suite des larmes qu'elle avait répandues.

Sur l'interpellation à requête de Mᵉ de la Peccaudière, le témoin répond :

A l'occasion de mon mariage, il y a trois ans, M. Crouan vint à Paris, et fit un jour des reproches si vifs et si durs à sa femme au sujet d'un cahier de musique qu'elle avait oublié, que celle-ci en versa des larmes.

Sur l'interpellation du même, le témoin répond :

J'ai été témoin des efforts de ma mère pour rétablir la bonne harmonie entre les époux Crouan. En 1850, elle me dit un jour qu'elle venait de parvenir à les faire s'embrasser; mon mari a fait aussi tous ses efforts pour maintenir la bonne harmonie entre les époux et pour que nous vécussions en bonne intelligence avec M. Crouan; il n'y a pas réussi. Il fit particulièrement, le jour du convoi de ma mère, une démarche amicale auprès de M. Crouan en lui tendant la main, démarche qui ne fut pas accueillie par celui-ci, qui refusa la main qu'on lui tendait; le fait se passa en présence de MM. Allard et Oscar Moller. Je le tiens de mon mari et de M. Allard.

Sur l'interpellation du même, le témoin ajoute :

Je n'ai point connaissance que mon père ait tracé, par écrit, de règle de conduite à ma sœur, à l'égard de son mari.

Il est faux qu'en aucune circonstance j'aie fait à M. Crouan ce qu'on appelle un pied-de-nez, ceci n'est pas dans mes habitudes.

<table>
<tr><td>18ᵉ TÉMOIN.

Mᵐᵉ MOLLER.</td><td>18ᵉ Témoin. — Clara Pelletreau, épouse de M. MOLLER, propriétaire à Nantes, rue des Cadeniers, nᵒ 9 :</td></tr>
</table>

Je suis fort liée avec Mᵐᵉ Crouan, et, malgré cette liaison, elle a toujours été très-circonspecte à mon égard au sujet de ses chagrins domestiques : je ne les ai connus que fort tard et par des voies diverses.

En 1852, lorsque Mᵐᵉ Crouan revint à Nantes, après la mort de sa mère, M. Crouan n'était pas à Nantes pour la recevoir; il était parti pour la campagne avec ses enfants et ses domestiques; Mᵐᵉ Crouan attendit trois heures chez la portière avant de pouvoir entrer dans son appartement; c'est d'elle-même et de Mᵐᵉ Dubois, sa sœur, que je le tiens. Le lendemain de son arrivée, je fus la voir; ce fut Mᵐᵉ Dubois, sa sœur, qui m'ouvrit la porte. Quelque temps après, je fus de nouveau voir Mme Crouan, je la trouvai en larmes et lui demandai la cause de son chagrin, elle me dit qu'ayant présenté à M. Crouan le compte de M. Riembault qui l'avait soignée à Paris, M. Crouan l'avait accusée d'avoir été à Paris se faire soigner d'une maladie honteuse, qu'indignée d'une pareille accusation, elle avait fait venir la femme de chambre, et avait sommé M. Crouan de répéter en présence de celle-ci, les paroles qu'il venait de dire, et qu'il les avait aussitôt répétées dans les mêmes termes.

Sur l'interpellation de Me de la Peccaudière, le témoin répond :

J'invitai, il y a quelques années, Mme Crouan à une soirée de musique chez moi, où elle devait chanter. M. Crouan arriva ce même jour et vint à la soirée avec Mme Crouan qui avait les yeux fort rouges, ce qui fut remarqué par plusieurs personnes. Elle avait tout à fait l'air d'une personne qui a beaucoup pleuré.

19e *Témoin*. — Emma Moller, épouse de M. Adolphe Bourcard, propriétaire, demeurant à Nantes, rue des Cadeniers, n° 9 :

19e témoin.

Mme BOURCARD.

Je voyais souvent Mme Crouan quand elle était à Nantes ; je la vis également quand elle revint à Nantes, après la mort de sa mère. A son arrivée, M. Crouan était absent, ainsi que ses enfants et ses domestiques : il ne revint à Nantes qu'une douzaine de jours après. Je m'aperçus de son retour, parce que sa chambre à coucher, qui avait été fermée pendant son absence, se trouva ouverte à l'une de mes visites. M. Crouan, qui m'aperçut, s'avança et m'annonça qu'il voulait avoir une explication avec moi. « Vous avez prétendu, me dit-il, que j'étais un tyran de mettre ma fille au Sacré-Cœur. » Je lui répondis que je n'avais jamais rien dit de semblable. Il ajouta qu'il ne pouvait comprendre qu'on laissât une jeune femme comme moi venir chez lui recevoir d'aussi mauvais exemples et d'aussi mauvais conseils que j'en pouvais recevoir. Il se retira alors dans une autre chambre. Mme Crouan, voyant mon émotion, me dit : « Ma pauvre enfant, je suis désolée de ce » qui vous arrive, M. Crouan n'a encore parlé à personne, et c'est sur vous » qu'est retombée sa mauvaise humeur. »

Il paraît que M. Crouan entendit ces paroles, et il dit à haute voix de la chambre où il était : « Je suis ennuyé des commères et des commérages sur » mon intérieur ; je saurai les faire cesser. Si Mme Bourcard veut faire ma » réputation, je saurai faire la sienne : c'est une digne amie de Mme Dubois. »

Il y a longtemps que nous nous apercevions que Mme Crouan était souvent triste ; nous pensions, sans qu'elle nous l'eût dit, qu'elle n'était pas heureuse en ménage. C'est vers 1844 ou 1845 que Mme Vauloup fit part à ma mère des chagrins domestiques de sa fille.

20e *Témoin.* — Thomas-Joseph-Jules Roux, négociant, demeurant à Nantes, rue Cambronne :

Je suis depuis fort longtemps intimement lié avec M. Vauloup, et je porte un très-vif intérêt à Mme Crouan, sa fille, que j'ai vue enfant. Je n'ai point été témoin de faits de la nature de ceux dont la preuve a été ordonnée, mais mes relations dans la famille m'ont fait souvent entendre des récits sur les rapports des époux entre eux. Il résultait de ces récits que Mme Crouan n'avait pas avec son mari une existence heureuse. Jusqu'en 1850 ou 1851, on ne m'en avait parlé que d'une manière assez vague. Plus tard, la chose était connue, et la famille n'avait point de discrétion à garder à mon égard; néanmoins, M. Vauloup et Mme Crouan ne m'ont jamais parlé des procédés de M. Crouan envers sa femme, si ce n'est un mois ou deux avant la mort de Mme Vauloup, époque à laquelle je fus à Paris. Lorsque Mme Crouan revint à Nantes, à la mort de sa mère, M. Crouan n'était pas chez lui; elle attendit quelque temps, me dit-elle (un quart-d'heure, une demi-heure), avant de pouvoir entrer chez elle. Je fus la voir le jour même de son arrivée. La trouvant dans une sorte d'abandon, je continuai à la voir presque tous les jours avec l'intérêt que m'inspiraient et ses chagrins et le mauvais état de sa santé et mon affection pour elle et sa famille. Malgré tous ses chagrins, qui aggravaient sa maladie, elle reculait devant l'idée d'une séparation ; je partageais son opinion. Je suis convaincu que la privation de ses enfants et le ressentiment de l'outrage que lui avait fait, me dit-elle, son mari, en lui reprochant d'être allée à Paris se faire soigner d'une maladie secrète, l'ont déterminée à former sa demande en séparation.

Sur l'interpellation de Me de la Peccaudière, le témoin répond :

Je fus voir Mme Crouan le jour où elle avait reçu, disait-elle, l'outrage dont je viens de parler : elle était dans un état d'émotion impossible à décrire. Plusieurs personnes étaient chez elles dans ce moment. Elle ne rapporta pas publiquement, mais elle me raconta en particulier la scène qui s'était passée entre elle et son mari à ce sujet.

Le témoin ajoute spontanément :

Étant en 1851, à Paris, chez M. Vauloup, et entendant raconter par Mme Vauloup des faits relatifs au ménage Crouan, je m'écriai : « Mais il vau-» drait mieux être séparés que de vivre ainsi. » Mme Vauloup me répondit: « Vous ne connaissez pas ma fille : jamais elle ne quittera son mari, tant » qu'elle aura ses enfants. »

21ᵉ *Témoin.* — Rose GUIBERT, ravaudeuse, demeurant à Nantes, avenue de Launay :

21ᵉ TÉMOIN.

Rose GUIBERT.

Depuis 31 ans, j'ai l'habitude d'aller en journée dans la famille Vauloup, et j'ai vu pour la première fois Mᵐᵉ Crouan, lorsqu'elle avait quinze mois. Depuis sept années, je suis allée très fréquemment (deux ou trois fois par semaine) en journée chez Mᵐᵉ Crouan. Je l'ai bien des fois vue pleurer, mais elle ne me disait rien et je ne l'interrogeais point sur les causes de son chagrin. Ce n'est que depuis cinq ans seulement que j'ai eu une connaissance précise de ce qu'elle avait à souffrir dans son ménage. Les époux Crouan avaient coutume de dîner tous les dimanches chez M. Vauloup. Un dimanche (il y a cinq ans dans cette saison), M. Crouan arriva chez lui à l'heure où il fallait aller dîner et dit à sa femme, qui l'attendait, qu'il n'irait pas dîner chez M. Vauloup. Celle-ci lui répondit : « Si tu m'avais prévenue de ton projet, j'aurais fait préparer à dîner. » Elle prit alors ses deux enfants par la main et se rendit dîner chez sa mère. Le soir, après dîner, Mᵐᵉ Vauloup me fit signe par la fenêtre de descendre de chez M. Crouan, où j'étais, chez elle. En me voyant, elle me dit : « Savez-vous où est M. » Crouan ? » Je lui répondis que je n'en savais rien. Elle me dit alors que le matin même, lorsqu'elle lui avait dit : « à ce soir, » il lui avait répondu : « oui. » — « Quel caractère, ajouta-t-elle, et que ma pauvre fille » est donc malheureuse. »

Le lendemain matin, sur les huit heures, je trouvai Mᵐᵉ Crouan dans son lit, pleurant à chaudes larmes. Quoi ! encore en pleurs, lui dis-je ? « Oui, encore, reprit-elle : Dieu que j'ai de chagrins ; je suis une femme » malheureuse. » Elle me dit alors bien des petites choses, mais je ne veux pas les rapporter, de peur d'erreur.

Au commencement de janvier 1851, je me rendis avec M. Crouan, M. et Mᵐᵉ Allard, sur la place Graslin, pour y attendre Mᵐᵉ Crouan qui revenait de Paris. En descendant de voiture, Mᵐᵉ Crouan n'était pas comme à l'ordinaire, elle paraissait très-chagrine ; elle dit bonjour à M. et Mᵐᵉ Allard, et ne dit rien à son mari. Je dis alors à la femme de chambre qui l'avait accompagnée dans son voyage : « Qu'a-t-elle donc ; elle ne parle pas ? — Oh non ! dit celle-ci. »

Elle me demanda alors si M. Crouan avait été bien malade pendant l'absence de sa femme. Je lui répondis qu'il avait eu un gros rhume. Elle prétendit qu'on avait écrit à Paris que M. Crouan était fort malade. Quand nous fûmes arrivées à la maison, Mᵐᵉ Crouan me dit : « Ma pauvre Rose, je » n'ai pas eu le temps de vous dire bonjour à la voiture, tant j'ai de » chagrin. » Je n'ai rien entendu au moment de l'arrivée de Mᵐᵉ Crouan à la maison. Quelque temps après cette arrivée, M. Crouan me dit d'aller porter une chauffrette à sa dame ; elle était dans un petit salon avec M. et Mme Allard , et pleurait beaucoup.

Au mois de décembre 1851, Mme Crouan me prévint qu'elle faisait dire une neuvaine pour sa mère. Je lui dis que j'y assisterais. Un jour de cette neuvaine, elle me dit, à Saint-Pierre, de venir lui parler dans la matinée. Je m'y rendis. Elle me pria alors de vendre pour elle des boucles d'oreilles qui lui avaient été données par sa mère, en me disant qu'elle n'avait pas un sou pour payer sa neuvaine. « Vous n'engagez point votre conscience en » faisant cela, me dit-elle, ces objets sont à moi, ils m'ont été donnés. » Elle y joignit quelques autres petits objets ; le tout fut vendu par moi pour vingt-sept francs. Quand elle connut le prix que j'avais obtenu, elle s'en applaudit en disant que c'était un peu plus qu'il ne lui fallait pour la neuvaine, et qu'il lui resterait ainsi quelque argent, ce qui lui était nécessaire, car elle n'avait pas un sou.

A la petite Fête-Dieu 1851, allant faire une commission pour Mme Crouan, je trouvai, sur la place de la Comédie, Mme Prudent Crouan, qui me demanda de ses nouvelles. Je lui répondis qu'elle était bien malheureuse et qu'elle était souvent en larmes. « Pauvre Amélie, dit Mme Prudent Crouan, » une belle couronne lui est réservée dans le ciel, car elle a une grande » croix sur la terre. Présentez-lui mes amitiés, et dites-lui que mon mari » et moi lui sommes dévoués. »

Au 15 août 1852, je me rendis chez M. Crouan, pour chercher la cuisinière et aller avec elle voir passer la procession. Le petit Fernand était seul avec sa mère dans le petit salon et lui lisait une histoire. La porte était ouverte. M. Crouan appela son fils, en lui disant : « Que fais-tu là ? Tu » dois être avec moi et pas avec d'autres. » L'enfant retourna avec son père. Je pense bien que M. Crouan savait que l'enfant était seul avec sa mère.

Au mois de juillet 1852, je me rendis chez M. Crouan, à l'époque de son arrivée. Les appartements étaient ouverts ; je croyais que Mme Crouan était arrivée aussi. M. Crouan me fit appeler et me dit : « Rose, je vous » défends de dire chez M. Allard que je suis arrivé ; Madame est indis- » posée, elle reviendra cette semaine avec M. Allard. »

Lorsque Madame revint à Nantes, après la mort de sa mère, elle ne trouva personne chez elle. Je m'y rendis le lendemain pour faire son ménage qu'il n'avait pas été nécessaire de faire la veille, puisqu'il était fait. La cuisinière arriva le second jour. Elle resta avec Madame quinze jours, après quoi j'y passai moi-même une douzaine de jours, seule avec elle, et j'y couchais. C'est alors que Mme Crouan me dit : « Rose, si, une autre fois,

» M. Crouan vous demande, dites-lui que vous ne pouvez pas venir, car
» je ne veux pas rester ainsi seule, sans domestique. » C'est pendant le
séjour que je fis alors seule avec elle, que Mme Crouan me conta tous ses
chagrins. Elle m'en avait déjà déclaré une partie, mais alors ses confidences
furent beaucoup plus étendues; elle me dit qu'à une époque antérieure,
elle avait été frappée par son mari, qui l'avait injuriée et jetée sur une
chaise; qu'une autre fois, il lui avait donné un coup de poing sur la tête,
et lui avait, par ce coup, cassé un peigne et déchiré un bonnet. Elle me
dit aussi que M. Crouan, après le décès de sa mère, avait fait inventorier
ou voulait faire inventorier tous les effets de son père, y compris même sa
montre et une petite clé en cuivre. La cuisinière était présente, quand elle
me déclara ce dernier fait.

Sur l'interpellation à requête de Me Reneaume, le témoin répond :

Dans l'été de l'année 1851, j'ai porté secrètement à Mme Crouan trois,
quatre ou cinq lettres, que me remettait M. Allard. M. Crouan me fit alors
venir et me dit : « Si M. Allard vous remet de nouveau des lettres pour
» Madame, donnez-les-moi. » Je le lui promis, et prévins Mme Crouan que je
ne voulais plus lui porter de lettres, à raison de ce que m'avait dit M. Crouan;
elle m'approuva.

22e *Témoin.* — Jeanne MARÉCHAL, lingère, demeurant rue de Bréa, à
Nantes :

Je ne sais rien et ne sais pourquoi on m'a appelée ici, je connais Mme
Crouan depuis l'âge de deux ans; je l'ai toujours trouvée pleine de bonté,
chaque fois que j'allais porter mon ouvrage chez elle; je la trouvais toujours
en pleurs, mais je ne savais pas pourquoi.

Sur l'interpellation à requête de Me de la Peccaudière, le témoin répond :

Il y a eu des jours où je ne la voyais pas pleurer, et même ce n'est que
depuis un an que je la voyais pleurer.

23e *Témoin.* — M. Benjamin ALLARD, négociant, demeurant à Nantes,
avenue de Launay :

Il y a longtemps que je me suis aperçu de la mésintelligence qui existait
dans le ménage Crouan. Les premières notions que j'en ai eues remontent à
dix ans, à peu près. J'avais eu chez moi une soirée, à l'occasion de la présence
à Nantes d'un habile violoncelliste, M. Cazella, qui m'avait été recommandé.
Mme Crouan, qui a une fort belle voix, avait assisté à cette soirée et y avait
chanté. M. Crouan n'était pas alors à Nantes, et j'appris qu'à son retour il

avait blâmé sa femme d'avoir accepté une invitation pendant son absence.
J'en témoignai ma surprise à M. Crouan, et lui dis que, même en son
absence, je pensais que ma nièce pouvait accepter une invitation chez son
oncle. Deux ou trois ans plus tard, M. Moller, ami intime de M. Vauloup et
de la famille, eut aussi une soirée de musique. Mᵐᵉ Crouan, qui y fut invitée,
accepta l'invitation et devait y chanter. M. Crouan, qui était absent, arriva
de Bordeaux dans la matinée du jour où la soirée devait avoir lieu. Il se dit
fatigué et se coucha. Chez M. Moller, Mᵐᵉ Vauloup, ma sœur, me dit qu'elle
n'avait pu décider M. Crouan à laisser venir sa femme à la soirée. Je me rends
chez celui-ci vers les neuf heures, et le trouvai au lit. Il me dit qu'il était
fatigué ; qu'il était arrivé avec la fièvre, et qu'il ne trouvait pas convenable
que sa femme se rendît sans lui à la soirée. Je lui fis des observations sur sa
conduite, qui pourrait paraître étrange, et lui dis qu'il aurait à regretter cette
décision. Après beaucoup d'insistance de ma part, il céda enfin, et se rendit,
avec sa femme, à la soirée, où il fut charmant.

J'avais, en qualité d'oncle, toujours eu un vif désir de prévenir la désu-
nion entre les époux Crouan, et prenais le rôle de conciliateur. Je ne savais
rien sur les nuages qui existaient dans le ménage que par les confidences de
M. Crouan, qui, pour me justifier ce qu'il appelait ses griefs, me donna
communication d'un mémoire écrit par lui et intitulé : « Mémoire à mon
avocat, en cas de séparation. » Il y relatait des faits passés six semaines
environ après son mariage. Ce mémoire me parut plus qu'étrange, et j'eus
un instant le projet de le refuter par écrit ; mais, dans des vues de conciliation, je préférai lui adresser verbalement mes observations, et, en lui
remettant le mémoire, je l'invitai à ne dire à personne que je l'avais vu,
parce que, si le fait était connu, il ne me serait plus possible d'entretenir
des relations avec lui. Ma femme voulut lire ce mémoire, mais elle n'en eut
pas le courage, et le rejeta en disant : « C'est une indignité ! » Le mémoire
contenait des accusations contre Mᵐᵉ Crouan et sa famille, et renfermait
des détails que je ne voudrais pas répéter, et qui ne pourraient être donnés
qu'à huis-clos. La communication m'en a été faite par M. Crouan, il y a quatre
ou cinq ans.

Je crois devoir dire un mot ici, quoique cela ne se rattache pas directement à l'affaire, de l'acquisition de la terre de Princé. M. Crouan m'avait
parlé du désir qu'il avait d'acquérir un immeuble, parce que cela donnait du
crédit à un négociant. En 1848, M. Vauloup ayant éprouvé le besoin de
vendre sa terre de Princé, pour faire les fonds nécessaires à une entreprise à
laquelle il allait se livrer, je lui désignai M. Crouan, son gendre, comme pouvant faire cette acquisition. M. Vauloup demandait deux cent mille francs ;

M. Crouan parla de cent quatre-vingts et se rabattit à cent soixante-quinze mille francs, contrat en mains. M. Vauloup accéda aux cent soixante-quinze mille francs, par la raison qu'il vendait à ses enfants. Plus tard, M. Crouan me dit que, comme il avait été question, dans les pourparlers, de cent quatre-vingt mille francs, il avait, après coup, consenti une obligation de cinq mille francs à Mlle Vauloup, depuis Mme Dubois, sa belle-sœur, ladite obligation payable à l'époque de son mariage ou de sa majorité. Il me dit, quelques jours après, qu'on lui avait conseillé de retirer cette obligation, pour éviter des difficultés avec le fisc ; mais que son intention était bien d'en payer le montant, afin de faciliter à M. Crouan l'acquisition du Princé. Je lui ai donné ma signature pour cent ou cent vingt mille francs. Je n'en parle que parce que Me de la Peccaudière m'a adressé une question à cet égard.

Au mois de septembre 1850, Mme Vauloup, qui était venue passer quelques jours chez M. Crouan, m'écrivit qu'elle ne pouvait plus rester chez lui, parce qu'il lui avait fait entendre qu'elle était de trop dans sa maison, et me demanda un asile. M. Crouan, qui en avait eu connaissance, craignant une esclandre, vint me trouver pour apaiser cette affaire. Je l'engageai à faire une démarche près de Mme Vauloup. Il me dit qu'il se rendrait près d'elle, si elle consentait à le recevoir. Je me rendis chez ma sœur, qui me raconta alors tous les griefs que Mme Crouan avait contre son mari, et qui, dans un but de conciliation, consentit à recevoir M. Crouan.

L'entrevue eut lieu : Mme Vauloup, qui avait un caractère extrêmement ferme, fit à M. Crouan des observations méritées sur sa conduite, et néanmoins, la réconciliation eut lieu. Quant à moi, je me bornai à dire à M. Crouan :

Je sais tout : je ne vous ferai pas de reproches ; jugez-vous vous-même, et tàchez que les griefs de Mme Crouan ne se renouvellent pas.

A la suite des dissentiments dont je viens de parler, je conseillai à M. Crouan de permettre à sa femme d'aller à Paris voir sa mère, qui était malade. Je pensais que ce voyage, qui faisait plaisir à Mme Crouan et à sa mère, était un moyen de faire oublier le passé. M. Crouan suivit mon conseil et partit avec sa femme pour Paris. Il descendit chez M. Vauloup, et revint au bout de quelques jours, laissant sa femme à Paris. Peu de temps après, vers le premier de l'an, M. Crouan ordonna à sa femme de revenir à Nantes et de ramener ses enfants qu'elle avait avec elle. M. Auguste Crouan et Mme Prudent Crouan lui écrivirent aussi qu'il serait plus convenable qu'elle revînt à Nantes, auprès de son mari. L'ordre de M. Crouan et les conseils de M. Auguste Crouan et de Mme Prudent Crouan irritèrent ma nièce, qui, néanmoins, vint à l'époque qui lui avait été fixée, c'est-à-dire vers les premiers jours de janvier 1851. A son arrivée, j'étais à l'attendre, avec ma femme, ainsi que M. Crouan, sur la place Graslin. Mme Crouan nous embrassa, ma femme et moi, et n'embrassa pas M. Crouan. On se rendit chez M. Crouan, où ma femme et moi accompagnâmes les époux. Mme Crouan fit des reproches à son mari sur les moyens qu'on avait employés pour la faire revenir, moyens qui ne lui paraissaient pas très-convenables. En lui faisant ces reproches, elle pleurait et disait avoir pleuré toute la route. Après avoir fait de vains efforts pour ramener l'harmonie entre les époux, nous nous retirâmes.

Lorsque ma sœur mourut, M. Crouan en fut instruit par une dépêche télégraphique. Il m'envoya une domestique pour m'en prévenir, ce qui me blessa. Au chemin de fer, nous nous rencontrâmes et montâmes dans le même wagon, mais nous nous parlâmes peu. A Paris, il choisit un hôtel; j'en pris un autre. Je me rendis chez M. Vauloup, qui, ainsi que Mme Crouan, me témoigna le désir de voir M. Crouan. La cérémonie funèbre devait être à midi. A dix heures, je rencontrai, dans un restaurant, M. Crouan. Je l'engageai à venir avec moi voir son beau-père et sa femme. Il me dit qu'il avait affaire en ce moment, qu'il serait à la cérémonie à midi.

A midi, en effet, il arriva chez M. Vauloup; mais il ne demanda à voir ni son beau-père, ni sa femme. En sortant de l'église, pour aller au cimetière, M. Crouan, M. Oscar Moller, M. Dubois et moi, étions dans la même voiture. M. Dubois tendit la main à M. Crouan, en lui disant que la situation douloureuse où nous étions était un motif pour tout oublier. Comme M. Crouan n'avançait pas la main, je la pris pour la mettre dans celle de M. Dubois, mais il la retira. Après que la cérémonie eût été terminée au cimetière, on ne vit plus M. Crouan, quoique plusieurs personnes le demandassent. Le lendemain matin, M. Crouan écrivit à sa femme une lettre dans laquelle il lui reprochait de n'être pas venue le voir à l'hôtel, et lui disait qu'il espérait qu'elle y viendrait dans le plus bref délai. Je me rendis chez lui, sur la prière de Mme Crouan, et l'engageai à ne pas tenir à l'ordre qu'il avait donné à sa femme, ordre qu'il était impossible à celle-ci d'exécuter dans le moment. Voyant que plus j'insistais dans mes observations, plus je l'irritais, je pris le parti de me retirer. J'ai omis de dire plus haut qu'au moment de son arrivée, M. Crouan avait écrit à sa femme, pour lui demander l'heure de la cérémonie, et que celle-ci lui avait répondu en lui indiquant cette heure et en le priant de venir chez M. Vauloup, pour donner à son père et à elle les consolations dont ils avaient besoin.

A son arrivée à Nantes, M. Crouan écrivit à sa femme de revenir à

Nantes dans les vingt-quatre heures, ou que le domicile conjugal lui serait fermé. Je n'ai point vu cette lettre.

Mme Crouan avait écrit à son mari qu'il lui était impossible de se rendre immédiatement à Nantes, à cause de son état de maladie, mais qu'elle le ferait aussitôt que cela lui serait possible.

Quelques jours avant son arrivée, M. Vauloup m'écrivit pour m'en donner connaissance et m'engager, dans le cas où M. Crouan ne se trouverait pas à la gare, à ne pas laisser sa fille revenir seule; il m'annonça en même temps que Mme Crouan avait écrit à son mari pour lui donner avis du jour et de l'heure de son arrivée. J'appris, je ne sais comment, que M. Crouan était parti pour la campagne avec ses enfants et ses domestiques; le fait me fut confirmé par Mme Prudent Crouan, chez qui je me rendis. J'en avisai immédiatement M. Vauloup par dépêche télégraphique, et l'engageai à accompagner sa fille à Nantes. Ne pouvant venir lui-même, il la fit accompagner par sa sœur, Mme Dubois. Je me rendis à la gare pour recevoir Mme Crouan à son arrivée, MM. Augustin et Prudent Crouan y étaient aussi; nous parlâmes à ces Messieurs qui étaient venus dans l'intention de recevoir leur belle-sœur; mais, comme j'avais ma voiture, je ramenai ma nièce à son domicile. La porte de son appartement était fermée et nous attendîmes environ une heure avant qu'elle fut ouverte. Vers huit heures, M. Jacquet, commis de M. Crouan, arriva tout essoufflé et nous ouvrit la porte du cabinet qui donnait entrée dans l'appartement. Le dimanche précédent, Mme Prudent Crouan m'avait dit que M. Jacquet était dépositaire de la clé.

Sur notre interpellation, le témoin répond :

Qu'à la gare, il n'avait point été question de clé entre MM. Crouan et lui.

Le témoin continue spontanément: Au moment de son arrivée, Mme Crouan était fort indisposée. Elle reçut la visite de MM. Prudent et Augustin Crouan, ses beaux-frères; le jour ou le lendemain de son arrivée, elle fit appeler M. Lafond qui lui ordonna de se tenir couchée. Deux jours après, rencontrant ce dernier à la porte de M. Desplanchet, rue Crébillon, je lui demandai des nouvelles de Mme Crouan : « Votre nièce, » me répondit-il, est fort malade, et je ne comprends pas que son mari » la laisse ainsi seule; je lui ai écrit de la bonne encre, et, quand je le » verrai, je lui dirai ma façon de penser. »

Quatre jours environ après l'arrivée de ma nièce, M. Augustin Crouan vint à mon cabinet, et, d'une manière assez embarrassée, essaya de me faire comprendre que la présence de Mme Dubois chez M. Crouan était un obstacle au retour de celui-ci, parce qu'il avait pour elle une antipathie marquée; je lui répondis que quelque opinion que nous pussions avoir sur les impressions de M. Crouan à cet égard, nous avions tellement envie d'éviter toute cause de dissentiment, que j'étais persuadé que Mme Dubois n'hésiterait pas à repartir. Elle partit en effet dès le lendemain, et M. Crouan ne revint pas davantage. Il revint seulement au bout de quatre jours, parce que c'était l'époque de la distribution des prix de sa fille, et repartit au bout de 24 heures pour revenir un mois après, lorsqu'il sut que sa femme avait quitté la maison. Pendant qu'elle était seule chez elle, Mme Crouan m'a dit bien des fois que si son mari lui ramenait ses enfants elle oublierait tout.

Sur l'interpellation à requête de Me de la Peccaudière, le témoin répond :

J'ai souvent, en 1851 et 1852, remis à Mme Crouan des lettres de son père et de sa mère; M. Crouan m'en ayant fait des reproches, je lui répondis que je ne voyais aucun mal à remettre à une fille des lettres de son père et de sa mère, et que si je l'avais fait, c'est parce que M. Crouan avait eu le tort d'intercepter les lettres de M. et Mme Vauloup, adressées à leur fille, de les lire et de ne pas les remettre à Mme Crouan.

Sur l'interpellation de Me Reneaume, le témoin répond :

M. Crouan m'a présenté une lettre de Mme Vauloup à sa fille, dans laquelle il était défavorablement jugé; Mme Vauloup y disait, autant que je puis me le rappeler, qu'elle était impuissante à empêcher sa fille d'être malheureuse, qu'elle ne pouvait rien contre une mauvaise nature. Je fis remarquer à M. Crouan que, s'il n'avait pas eu l'indiscrétion de lire cette lettre, il n'aurait pas eu connaissance des appréciations désagréables qu'elle contenait.

Sur l'interpellation de Me de la Peccaudière, le témoin répond :

En allant chez ma nièce, je la trouvai un jour extrêmement émue, au sujet d'une note d'honoraires de M. Riembault, médecin; elle me dit que son mari, en refusant de payer cette note, lui avait fait le reproche d'être allée à Paris se faire soigner d'une maladie secrète.

Sur l'interpellation du même, le témoin répond :

Lorsque Mme Crouan eut quitté le domicile conjugal, sa femme de chambre, Virginie, vint chez moi la voir et se jeta tout en larmes dans ses bras, en lui disant : « Ah! madame, quel malheur: vous m'emmenerez » avec vous, n'est-ce pas? » Mme Crouan lui répondit : « Ce n'est pas le » moment de nous occuper de cela, nous verrons. » Je quittai la chambre et laissai Virginie avec ma nièce.

24ᵉ *Témoin*. — Mˡˡᵉ Françoise LELAN, sans profession, demeurant à Paris, rue Bourdaloue, nᵒ 7 :

24ᵉ TÉMOIN.

Mˡˡᵉ F. LELAN.

Il y aura six ans au mois d'août, j'ai passé cinq semaines chez M. Crouan. Ma chambre était séparée de celle des époux par la chambre de la petite fille. Une nuit, Mᵐᵉ Crouan vint frapper à ma porte en me disant à haute voix : « Ma tante, veux-tu me recevoir ? On me chasse de mon lit à coups » de pieds. » — « Viens, mon enfant, lui dis-je. » Comme elle n'entrait pas, je l'appelai de nouveau, mais elle ne me répondit pas ; elle était rentrée dans sa chambre ; je n'ai pas entendu M. Crouan la rappeler.

Pendant les cinq semaines que j'ai passées chez les époux Crouan, j'ai vu plusieurs fois Mᵐᵉ Crouan pleurer, sans qu'elle m'en indiquât la cause. Je l'ai pareillement souvent vue pleurer à Paris, en lisant les lettres qu'elle recevait de son mari.

25ᵉ *Témoin*. — Claude-Jacques LAFOND, chirurgien, demeurant à Nantes, rue Haudaudine :

25ᵉ TÉMOIN.

M. LAFOND.

En qualité de médecin, je regarde comme un devoir rigoureux de ma profession de ne rien dire de ce que je vois ou entends dans l'exercice de cette profession.

Je pense donc n'avoir rien à dire.

26ᵉ *Témoin*. — Henri-Auguste BOISSEAU, serrurier, demeurant à Nantes, rue Neuve-des-Capucins, nᵒ 5 :

26ᵉ TÉMOIN.

M. BOISSEAU.

Je suis le serrurier de M. Crouan depuis 1847, et j'ai fait pour lui des travaux chaque fois qu'il m'en a commandé.

Sur l'interpellation de Mᵉ de la Peccaudière, le témoin répond :

J'ai souvent fait des clés pour le ménage Crouan, sur l'ordre, soit de Monsieur, soit de Madame, indifféremment. Je me rappelle que Madame m'a fait faire une clé de sa commode, je ne sais à quelle époque ; mais, ce dont je suis certain, c'est qu'en aucune circonstance ni M. ni Mᵐᵉ Crouan ne m'ont fait de commande mystérieuse de clés.

27ᵉ *Témoin*. — Marguerite-Alida DUMAZEAUD, supérieure de la maison du Sacré-Cœur, de Nantes :

27ᵉ TÉMOIN.

M.-A. DUMAZEAUD.

Au mois de septembre 1851, M. Crouan m'amena sa fille, en me priant de vouloir bien l'admettre dans notre Pensionnat. Mᵐᵉ Crouan, lorsque je la vis plus tard , me témoigna sa satisfaction de ce que son mari avait choisi notre établissement de préférence à un autre. Lorsque nous eûmes un peu fait connaissance , elle me dit que son caractère n'allait pas avec celui de son mari et qu'elle n'était pas heureuse. Elle me citait diverses choses de peu d'importance qui ne plaisaient pas à son mari ; je lui dis alors : « Pourquoi » les faites-vous ? Avec un peu de complaisance , vous pourriez ramener » M. Crouan. » Voyant qu'elle tenait à ses idées , je finis par l'écouter sans la combattre.

Le lendemain de la Mi-Carême de l'année dernière , Mme Crouan vint ici voir sa fille et me dit qu'elle partait pour Paris; que son mari avait été très-bon pour elle et lui avait accordé la permission d'aller voir sa mère ; elle était toute joyeuse, et, d'après ce qu'elle me dit, je crus que tous les dissentiments entre les époux étaient terminés. Nos élèves ne sortent habituellement qu'au premier de l'an, un jour dans le mois de mai et les mardi et mercredi de Pâques.

Aux approches de Pâques , Mme Crouan n'étant pas de retour à Nantes , j'appris, je ne saurais dire par quelle voie , que M. Crouan ne serait pas content si sa femme n'était pas à Nantes pour le jour de la sortie de sa fille. En conséquence, j'écrivis le mercredi saint à Mme Crouan pour l'engager à revenir, en lui représentant que si elle ne revenait pas , M. Crouan serait mécontent et aurait raison. Mme Crouan revint le lundi de Pâques au soir. Depuis cette époque , je n'ai vu Mme Crouan qu'une ou deux fois , jusqu'à la fin du mois de septembre 1852. Je crois me rappeler qu'elle repartit pour Paris le lendemain ou le surlendemain de l'Ascension.

A la fin de septembre, comme je l'ai dit , elle vint ici avec son père et m'annonça qu'elle allait se séparer de son mari et partir pour Paris. Je lui dis qu'elle avait tort et lui fis les observations qu'on fait en pareil cas à une pauvre femme qui s'égare. Elle me répondit qu'elle ne pouvait faire autrement et qu'elle agissait d'après de très-bons conseils.

Sur l'interpellation à requête de Me de la Peccaudière , tendant à savoir si M. Crouan n'avait pas défendu que Mme Crouan vît sa fille plus d'une heure par semaine et autrement qu'en sa présence ; si le témoin n'a pas répété ce fait à Mme Crouan devant M. Vauloup et au père Marquet, le témoin répond, avec un sourire que lui suggèrent les diverses questions qui lui sont faites :

Les règles de notre établissement sont, qu'à moins de circonstances extraordinaires, les enfants ne voient leurs parents qu'une fois par semaine, le jeudi, de midi et demi à quatre heures. Lorsque M. Crouan me présenta sa fille, pour la première fois, il s'enquit des règlements de la maison , je les lui fis connaître, et il manifesta l'intention qu'ils fussent suivis très-exactement à l'égard de sa fille. Je n'ai jamais rien dit de pareil à Mme Crouan ni en présence, ni en l'absence de M. Vauloup. Je n'ai rien dit non plus de semblable au père Marquet que je vois rarement et à qui je ne parle pas des détails intérieurs de la maison.

Sur l'interpellation de Me Reneaume, le témoin répond :

Depuis le moment où M. Crouan plaça sa fille, en 1851, jusqu'au mois de juillet 1852, époque où il vint la chercher pour la conduire à la campagne, je n'ai eu aucun entretien avec lui. En juillet 1852, il vint à notre établissement, me dit qu'il était affligé de ne pas voir revenir sa femme, dont la présence à Paris n'était plus nécessaire, puisqu'elle avait perdu sa mère, et qu'il pensait qu'un moyen de la faire revenir serait d'emmener sa fille à la campagne. Il me demanda si je consentirais à ce qu'elle sortît momentanément de l'établissement. Je lui répondis que pour un pareil motif j'y consentirais. Deux ou trois jours après, il revint chercher sa fille et l'emmena. Je ne pourrais préciser parfaitement l'intervalle qu'il y eût entre ces deux visites, mais je suis certaine qu'il vint deux fois.

Sur l'interpellation de Me de la Peccaudière, le témoin répond :

Lorsque M. Crouan me demanda l'autorisation d'emmener sa fille, il fut question, je crois, de bains de mer.

Sur l'interpellation de Me Reneaume, tendant à savoir si le témoin s'était aperçu, après le voyage fait à la campagne par la jeune Crouan avec son père, que cette jeune personne eût reçu des impressions sur les dissentiments de son père et de sa mère, et de quelle nature étaient ces impressions, le témoin répond :

Dès le moment où la jeune Crouan a été placée dans notre établissement, elle avait connaissance des dissentiments qui existaient entre son père et sa mère. Elle en a parlé, non pas à moi, mais à celle des sœurs qui est chargée de la direction des enfants. Elle disait avoir vu son père se fâcher avec sa mère, et avoir appris aussi de sa mère qu'elle n'était pas en bonne intelligence avec son mari. On ne s'est pas aperçu que le voyage fait par elle avec son père, à la campagne, ait produit chez elle des impressions nouvelles.

Sur l'interpellation du même, le témoin répond :

J'ai dit au commencement de ma déposition, que les objets sur lesquels j'avais donné des avis à Mme Crouan étaient des petits détails d'intérieur de ménage. Ainsi, par exemple, elle me disait qu'elle ne voulait pas prendre de café pendant le carême, ce qui contrariait M. Crouan, parce qu'il regardait le café comme nécessaire à sa santé : je lui répondais qu'elle avait tort de ne pas satisfaire M. Crouan, puisqu'elle y était autorisée. Elle me disait encore qu'elle ne voulait plus porter que du noir (avant son deuil), ce qui était un objet de discussion entre son mari et elle ; je lui répondais qu'elle ferait mieux d'adhérer au désir de son mari que de suivre son propre caprice.

Sur l'interpellation de Me de la Peccaudière, tendant à savoir si Mme Crouan lui avait parlé d'autres griefs plus sérieux qu'elle eût contre son mari, le témoin répond :

Les seules choses que je me rappelle m'avoir été dites par Mme Crouan contre son mari, c'est qu'il ne pratiquait pas, qu'il était hostile à la religion et qu'il avait tiré une chaise de dessous elle au moment où elle allait s'asseoir. Mes souvenirs à cet égard sont assez vagues.

PROROGATION D'ENQUÊTES

POUR MADAME CROUAN,

DU 8 NOVEMBRE 1853.

1er *Témoin.* — Charles-Georges PHILIPPE, négociant, demeurant à Nantes, avenue de Launay :

Je n'ai aucune connaissance personnelle des faits qui font l'objet de l'enquête ; je ne sais rien que par les récits qui m'ont été faits.

M. Moller, mon ami, mort depuis plusieurs années, m'a dit souvent, en parlant du mariage Crouan, que Mme Crouan était fort malheureuse. Il me dit notamment le lendemain d'une soirée qui avait eu lieu chez lui et dans laquelle Mme Crouan devait chanter, qu'il y avait eu entre les époux une scène très-vive, à raison de ce que Mme Crouan s'était permis d'accepter une invitation dans son absence, bien qu'elle dût s'y trouver avec sa famille.

Le 1er janvier de l'année 1851, j'aperçus Mme Crouan descendant de chez sa tante, Mme Allard, les larmes aux yeux ; je ne lui fis aucune question sur les causes de son chagrin.

Sur l'interpellation de Me Gouin, le témoin répond :

J'ai toujours vu Mme Crouan pleine d'amour pour ses enfants, leur prodiguant les soins les plus affectueux et étant payée par eux de retour.

Je me rappelle, à cette occasion, qu'étant chez M. Vauloup, chez qui j'avais dîné, vers le mois de novembre 1851, il fut mention de la part des époux Vauloup, en présence de Mme Crouan, des chagrins domestiques de celle-ci.

En entendant les récits qui m'en étaient faits, je lui déclarai que, comme père, je ne laisserais pas ma fille endurer de pareils traitements. Mme Crouan prenant alors la parole, me dit : M. Philippe, tant que M. Crouan ne m'enlèvera pas mes enfants, je ne me séparerai pas de lui.

Sur l'interpellation de Me Reneaume, le témoin répond :

Ayant rencontré, sur la place Graslin, M. et Mme Crouan, et leur ayant rappelé une invitation que je leur avais faite d'assister, chez moi, à une soirée de musique, M. Crouan engagea sa femme, en ma présence, à chanter à cette soirée. Jamais, en ma présence, M. Crouan ne s'est opposé à ce que sa femme chantât ; au contraire, il l'a engagée à chanter.

2e TÉMOIN.

Mme BRUNET.

2e *Témoin.* — Estelle Allard, épouse de M. BRUNET, négociant, demeurant à Nantes, avenue de Launay :

Je n'ai point été, par moi-même, témoin des faits qui font l'objet de l'enquête ; j'ai su par Mme Crouan, par son père, par sa mère, qu'elle était fort malheureuse en ménage, et même je l'ai souvent vue pleurer sur ses chagrins domestiques.

Au mois d'août 1852, je fus témoin de l'abandon où Mme Crouan avait été laissée par son mari à son retour de Paris ; elle était seule dans son appartement à Nantes, avec sa sœur, qui l'avait accompagnée, et qui même le premier jour fut obligée de faire la cuisine, faute de domestique pour les servir. En ce moment, M. Crouan était à la campagne avec ses enfants, et Mme Crouan trouvait très-dur d'être éloignée d'eux. Elle était alors souffrante de manière à ne pouvoir les rejoindre, car elle eut beaucoup de peine à se rendre à la messe, le jour de l'Assomption.

Sur l'interpellation de Me Gouin, le témoin répond :

Au mois d'août 1852, pendant que M. Crouan était à la campagne avec ses enfants, et Mme Crouan à Nantes, M. Bonnement dînait un jour chez moi ; je criais très-fort contre M. Crouan et blâmais sa conduite, parce que j'aime beaucoup ma cousine. Dans le cours de la conversation, M. Bonnement me dit : Vous croyez toujours que je veux défendre M. Crouan, je ne le défends point ; je sais que votre cousine est une bonne petite femme que j'aime beaucoup.

Il ajouta : Je commence par vous dire que je ne sais pas ce que c'est que l'enfer, mais je vous déclare que j'aimerais mieux habiter l'enfer que de vivre avec cet être-là. (Il voulait parler de M. Crouan.) J'exprimai l'opinion que M. Crouan voulait pousser sa femme à bout et l'amener à une séparation. Détrompez-vous, me dit-il, il ne veut point de séparation, d'abord parce que la famille Vauloup la désire, en second lieu parce qu'il ne veut pas donner son argent pour que sa femme aille le dépenser à Paris avec la famille Dubois.

3ᵉ *Témoin*. — Michel VAULOUP, industriel, demeurant à Paris, rue Bourdaloue :

3ᵉ TÉMOIN.

M. VAULOUP.

Depuis longtemps je savais que ma fille n'était pas heureuse en ménage, mais on cachait le plus possible les actes de brutalité de M. Crouan envers sa femme. En 1843, lorsque je demeurais sur le cours Henri IV, M. Crouan descendit un jour chez moi avec un air sombre et mécontent. Ma femme lui demanda ce qu'il avait ; il répondit qu'il n'était pas content, parce que Mᵐᵉ Crouan refusait obstinément de venir à la Société des Beaux-Arts avec lui. Celle-ci répondit qu'en allant dans le monde, elle désirait être mise comme une autre, et que, comme il lui reprochait ses dépenses de toilette, elle ne voulait pas l'induire en frais à cet égard. Je reprochai alors à M. Crouan de faire verser des larmes à ma fille, à qui, pendant dix-neuf ans qu'elle avait habité chez moi, j'avais toujours reconnu le caractère le plus aimable. Votre malheureuse passion, ajoutai-je, vous égare à ce point que vous êtes jaloux de l'affection que ma fille a pour sa mère. « Cela est vrai, dit-il, j'en suis jaloux. » Je lui répondis que ce qui devait être pour lui la plus précieuse garantie, devenait, à raison de son caractère, un objet de trouble. On a voulu faire croire que j'avais cherché à pousser ma fille à une séparation, cela a été bien loin de ma pensée ; j'ai cherché, au contraire, à rétablir la bonne harmonie entre les époux Crouan. En 1852, lorsque ma femme était gravement malade, je fis à M. Crouan la proposition de venir chez moi où il trouverait une chambre préparée pour lui, en lui témoignant le désir d'oublier le passé pour trouver, dans notre union à venir, des consolations dont nous avions tous très-grand besoin.

M. Crouan répondit dix jours après, en mettant à son acceptation des conditions qui n'étaient pas admissibles. Quelques jours avant la mort de Mᵐᵉ Vauloup, Mᵐᵉ Crouan proposa, de la part de celle-ci, à M. Crouan, de venir dîner chez moi ; il n'y vint pas. Enfin, après la mort de Mᵐᵉ Vauloup, il arriva tard pour la cérémonie funèbre, ne demanda point sa femme et ne se plaça pas avec le deuil, mais se confondit avec le reste des assistants. M. Dubois lui ayant tendu la main en signe de réconciliation, il

lui refusa la sienne. Lorsque l'assignation en séparation eut été envoyée à
M. Crouan, la fille Virginie Lebègue, qui est aujourd'hui sa femme de
chambre et qui avait été précédemment ma domestique, arriva tout en larmes
chez Mme Allard, où je me trouvais alors avec Mme Crouan. Elle se jeta dans
mes bras et m'embrassa. Ma fille lui dit alors : « Virginie, vous rappelez-
» vous l'injure grave que m'adressa M. Crouan en votre présence ? » Oui,
Madame, je me la rappelle, reprit celle-ci.

Sur l'interpellation de Me Gouin, le témoin répond :

Mon beau-frère, M. Allard, m'a dit avoir reçu de M. Crouan, en communication, un mémoire de sa main commençant par ces mots : « Mémoire
pour servir à mon avocat, en cas de séparation, » et finissant par ceux-ci :
« Les choses sont rendues à un tel point qu'il n'y a que la séparation de
possible. » M. Crouan annonçait l'intention de tirer plusieurs exemplaires
de cet écrit et de le répandre dans le public. Si vous faites cela, reprit
M. Allard, je me charge de vous donner le démenti le plus formel. Ce fut
environ vers l'année 1847 ou 1848 que M. Allard me parla de ce mémoire.

Sur l'interpellation du même, le témoin répond :

Ni en 1851, ni à aucune autre époque, je n'ai donné à Mme Crouan,
soit verbalement, soit par écrit, des instructions sur la conduite qu'elle
avait à tenir à l'égard de son mari. Si celui-ci ne l'avait pas privée de ses
enfants, jamais je n'aurais voulu prendre la responsabilité de l'engager à
se séparer de son mari.

Sur l'interpellation du même, le témoin répond :

Ma fille m'a dit que M. Crouan avait donné l'ordre à la supérieure du
Sacré-Cœur, où était sa fille, de ne permettre à sa femme, après la rentrée
des vacances, de voir sa fille qu'une fois par semaine et en présence de
lui, Crouan. Ma fille a ajouté que Mme Dumazeaud, supérieure du Sacré-
Cœur, avait fait part de cet ordre au Père Marquet, directeur de Mme Prudent
Crouan, laquelle le lui avait rapporté à elle-même. Ma fille me dit aussi
qu'ayant demandé à Mme Dumazeaud si le fait était vrai, celle-ci le lui avait
confirmé.

Sur l'interpellation du même, le témoin répond :

Jamais ma fille n'a traité ses enfants avec brutalité; je ne puis concevoir
même qu'on ait eu pareille idée. Elle les aime de la plus vive tendresse. En
ce moment elle m'accompagne à Nantes, où elle ne doit rester que quelques
jours, et c'est surtout pour voir ses enfants qu'elle est venue.

4ᵉ *Témoin*. — Caroline-Ursule Boquet, épouse SCHWEIGHAUSER, sans profession, demeurant à Nantes, rue Voltaire, 17.

4ᵉ TÉMOIN.

Mᵐᵉ **SCHWEIGHAUSER.**

Je ne sais, sur l'affaire Crouan, que ce que l'on a répandu dans le public
et ce que tout le monde sait.

Sur notre interpellation, le témoin répond :

Lorsqu'en 1852 Mᵐᵉ Crouan était seule à Nantes et que son mari était
à la campagne, je me trouvai chez elle en même temps que M. et Mᵐᵉ Crouan
(Auguste). Mᵐᵉ Crouan déplorait l'éloignement où elle se trouvait de ses
enfants. M. Crouan lui dit : « Ma chère amie, je suis sûr que si vous écri-
viez à votre mari, il reviendrait à Nantes. » Je lui répondis alors : « Monsieur, elle a déjà écrit. » Il est probable que Mᵐᵉ Crouan m'avait dit avoir
écrit à son mari, car autrement je n'aurais pu le savoir. Mᵐᵉ Crouan m'a
souvent parlé du mauvais état de sa santé et de ses souffrances ; mais, ni
dans cette circonstance, ni dans aucune autre, elle ne m'a dit un mot qui pût
faire attribuer ses souffrances à son mari.

Sur l'interpellation de Mᵉ Gouin, le témoin répond :

Un jour, Mᵐᵉ Crouan me dit tout en larmes : « Croiriez-vous que mon
mari m'accuse d'avoir gagné à Paris la maladie dont je suis atteinte. J'ai appelé
ma femme de chambre pour être témoin de cette injure. »

5ᵉ *Témoin*. — Estelle Schweighauser, épouse de M. Benjamin ALLARD,
négociant, demeurant à Nantes, avenue de Launay :

5ᵉ TÉMOIN.

Mᵐᵉ **B. ALLARD.**

Ma nièce, Mᵐᵉ Crouan, m'a souvent fait part de ses chagrins : elle se
plaignait que son mari fût jaloux, d'un caractère difficile, et n'eût pas pour
elle les égards qu'un mari doit à sa femme, égards qu'elle méritait en tous
points, car c'est un ange de vertu. J'ai souvent vu Mᵐᵉ Crouan en larmes ;
mais je n'ai jamais été témoin de scènes entre elle et son mari. Je me rappelle toutefois qu'à un retour de Mᵐᵉ Crouan à Nantes, les époux se firent
un accueil très-froid. Je conduisis Mᵐᵉ Crouan chez elle et je me retirai, la
voyant pleurer.

Sur notre interpellation, le témoin répond :

Le jour dont je viens de faire mention, j'étais sur la place Graslin avec
M. Allard et M. Crouan à attendre Mᵐᵉ Crouan. Celle-ci, en descendant de
voiture, m'embrassa, embrassa son oncle ; je ne la vis ni embrasser M. Crouan,
ni lui adresser la parole. Le témoin, se reprenant, dit : Je vis qu'elle lui parla
pour lui adresser des reproches.

Sur l'interpellation de Mᵉ Gouin, le témoin répond :

Le sieur Crouan avait communiqué à mon mari un mémoire écrit par lui,

et que celui-ci avait laissé sur ma table. Je voulus le parcourir ; mais il était
écrit en termes tellement dégoûtants, en ce qui concerne les sœurs de
M. Vauloup, que je le rejetai avec mépris. Ce mémoire était intitulé :
Mémoire à mon avocat, en cas de séparation.

Sur l'interpellation du même, le témoin répond :

Mme Crouan aime ses enfants avec tendresse ; je ne l'ai jamais entendue leur
parler avec un ton impérieux.

Sur l'interpellation de Me Reneaume, le témoin répond :

C'est bien avant la scène de la place Graslin, dont je viens de parler, que
j'ai vu le mémoire mentionné ci-dessus.

6ᵉ TÉMOIN.

Mme ALBERT.

6ᵉ *Témoin.* — Félicité-Honorine Bastard, épouse de M. Adolphe **ALBERT**,
négociant, demeurant à Nantes, quai de la Fosse, n° 86 :

Étant très-liée avec la famille Vauloup, j'ai su, par les récits qui m'ont été
faits dans la famille Vauloup, que Mme Crouan était fort malheureuse. Quant
aux faits dont la preuve a été ordonnée, je n'en ai aucune connaissance personnelle. Il y a sept ans à peu près que je fus amenée à penser que Mme Crouan
n'était pas heureuse dans son ménage : étant chez moi, elle s'écria un jour tout
à coup : « Oh ! qu'un cloître, qu'une cellule me rendraient heureuse ! » Il
me parut étrange qu'une mère de famille pût avoir une pareille idée ; mais
étant naturellement assez réservée, je ne lui fis aucune observation. J'avais
su dans le temps, par sa famille, qu'elle avait eu des contrariétés dans
son ménage, et je m'imaginai que son état de grossesse lui donnait peut-
être de la disposition à exagérer les choses. Lorsque Mme Vauloup alla s'é-
tablir à Paris, sa fille, Mme Crouan, fut prise d'une extrême tristesse.
Mme Prudent Crouan, sa belle-sœur, me disait alors : « J'ai pitié de la
» pauvre Amélie ; je l'aime de toute mon âme et voudrais aller lui tenir
» compagnie dans son isolement ; mais nos maris ne sont pas bien ensemble,
» ne se parlent point, et ces circonstances rendent nos relations plus diffi-
» ciles. M. Denis Crouan a un caractère si singulier, que nous avons été obli-
» gés, cette année, d'emprunter pour vivre, parce que mon mari ne voulait pas
» demander de compte à son frère, pour éviter des discussions et des scènes. »
Mme Prudent Crouan, à chaque fois qu'elle me rencontrait, me faisait le
plus grand éloge de sa belle-sœur, de sa piété et de sa vertu. Elle me disait
qu'elle pensait bien qu'elle était malheureuse, mais qu'elle et sa mère,
Mme Vauloup, conservaient une grande réserve à son égard. Elle attribuait
cette réserve à une sorte de rancune que ces dames auraient conservée contre
elle, pour avoir contribué au mariage de M. Denis Crouan.

Sur l'interpellation de Me Reneaume , le témoin répond :

Mon mari a eu des relations d'affaires avec M. Denis Crouan , et , par suite de ces relations , nous avions cessé de nous voir. Mme Crouan venait toujours chez moi , mais je n'allais chez elle que dans diverses circonstances, et lorsque je savais que son mari n'y était pas. Je ne pourrais dire si M. Crouan a mis de l'empressement à adhérer aux propositions faites par mon mari , pour l'arrangement de ses affaires ; je ne crois pas qu'il y ait mis de l'empressement , mais je n'ai pas de souvenirs précis à cet égard.

Nantes , Imprimerie de Mme Ve C. Mellinet, place du Pilori, 5. — 1,249.